남방 제지역용
일본문법교본 학습지도서

南洋諸地域用日本文法教本學習書

일본 동남아시아 학술총서 08

남방 제지역용 일본문법교본 학습지도서

南洋諸地域用日本文法教本學習書

문부성 편찬 | 채성식 역

보고사
BOGOSA

간행사

2017년 '한국-아세안 미래공동체 구상'을 중심으로 하는 한반도 '신남방정책' 발표와 다음해 정부의 신남방정책특별위원회 설치는 아세안(동남아시아 10개국)과 인도 지역의 급속한 경제적 성장과 미래의 잠재력을 염두에 둔 정책 아젠다였다. 물론 이러한 선언은 이 지역이 세계 경제의 성장엔진이자 블루오션으로 떠오르고 있다는 인식과 그 지정학적 중요성에 바탕을 둔 정책이며, 나아가 이 지역에서 상호 경쟁을 벌이고 있는 일본과 중국의 동남아시아 정책을 의식한 것이기도 하였다.

왜냐하면 일본과 중국도 오히려 한국보다 훨씬 앞서 다양한 형태의 '남방정책'을 추진하여 이들 지역에 대한 경제적, 정치적, 문화적 영향력을 확대해 왔기 때문이다. 태평양전쟁 기간 중 이른바 '대동아공영권' 구상을 통해 동남아시아 및 남태평양(남양) 지역을 침략하여 군정(軍政)을 실시하였던 일본은 패전 후 동남아시아 각국에 배상이라는 장치를 통해 오히려 금융, 산업, 상업 방면에 진출하여 패전국이면서도 이 지역에 대한 영향력을 확대해 왔다. 2018년을 기준으로 아세안 직접투자가 중국의 2배, 한국의 6배 이상을 차지하는 일본은 2013년 '일본-아세안 우호 협력을 위한 비전선언문', 2015년 '아세안 비전 2025'를 통해 이 지역 내 중국의 영향력을 견제하고 일본의 대외정책의

지지기반 확대와 경제협력을 확대하고 있다. 동남아시아 지역과 국경을 접하고 있는 중국은 2003년 아세안과 전략적 동반자 관계를 맺은 이후 정치안보와 경제, 사회문화 공동체 실현을 추진하고 2018년 '중국-아세안 전략적 동반자 관계 2030 비전'을 구체화하였으며 '일대일로' 전략을 통해 아세안에 대한 영향력을 강화하고 있다. 이와 같이 한·중·일 동아시아 3국은 아세안+3(한중일) 서미트를 비롯하여 이 지역과 협력을 하면서도 격렬한 경쟁을 통해 각각 동남아시아 지역에 정치적, 외교적, 경제적, 문화적 역량을 집중하고 있다.

동남아시아 지역의 중요성이 부각되고 한국의 신남방정책 추진에 즈음하여 2018년과 2019년에 정부 각부서와 국책연구소, 민간 경제연구소 등에서는 한국의 신남방정책 관련 보고서가 다량으로 간행되는 가운데, 2017년 한국 정부의 '신남방정책' 선언 이후 일본의 사례를 참조하여 그 시사점을 찾으려는 논문이 급증하고 있다. 나아가 근대기 이후 일본의 남양담론이나 '남진론(南進論)' 관련 연구, 그리고 일본과 동남아시아의 관계사나 경제적 관계, 외교 전략 관련 연구는 2000년대 이후 개시하여 2010년대에 이르러 활발하게 연구가 이루어지고 있다. 그럼에도 불구하고, 정작 한국 사회와 연구자가 필요로 하는 동남아시아에 관한 일본의 학술서나 논문, 보고서 등 자료의 조사와 수집은 물론 대표적인 학술서의 번역이 거의 이루어지지 않았다고 할 수 있다.

따라서 고려대 글로벌일본연구원에서는 근대기 이후 동아시아 국가 중에서 동남아시아 지역에 대해 가장 먼저 관심을 가지고 대외팽창주의를 수행하였던 일본의 동남아시아 관련 대표적 학술서를 지속적으로 간행하고자 '일본 동남아시아 학술총서'를 기획하게 되었다.

이에 고려대 글로벌일본연구원은 먼저 일본의 동남아시아 및 남태평양 지역과 연계된 대표적 학술서 7권을 선정하여 이를 8권으로 번역·간행하게 되었다.

제1권인 『남양(南洋)·남방의 일반개념과 우리들의 각오(南方の一般概念と吾人の覺悟)』(정병호 번역)는 남진론자(南進論者)로서 실제 동남아시아 지역에서 실업에 종사하였던 이노우에 마사지(井上雅二)가 1915년과 1942년에 발표한 서적이다. 이 두 책은 시기를 달리하지만, 동남아시아 지역의 역사와 문화, 풍토, 산업, 서양 각국의 동남아 지배사, 일본인의 활동, 남진론의 당위성 등을 상세하게 기술하였다. 제2권·제3권인 『남양대관(南洋大觀) 1·2』(이가현, 김보현 번역)는 일본의 중의원 의원이자 남양 지역 연구자였던 야마다 기이치(山田毅一)가 자신의 남양 체험을 바탕으로 1934년에 간행한 서적이다. 본서는 당시 남양 일대 13개 섬의 풍토, 언어, 주요 도시, 산업, 교통, 무역, 안보 및 일본인의 활동을 사진과 함께 상세하게 소개하고 있다. 이 책은 기존의 남양 관련 서적들과 달리 남양의 각 지역을 종합적으로 대관한 최초의 총합서라는 점에서 그 의의가 있다.

제4권 『신보물섬(新寶島)』(유재진 번역)은 탐정소설가 에도가와 란포(江戸川亂歩)가 1940에서 41년에 걸쳐 월간지 『소년구락부(少年俱樂部)』에 연재한 모험소설이다. 이 소설은 남학생 세 명이 남태평양의 어느 섬에서 펼치는 모험소설로서 여러 역경과 고난을 이겨내고 마침내 용감하고 지혜로운 세 일본 소년이 황금향을 찾아낸다는 이야기인데, 이 당시의 '남양'에 대한 정책적, 국민적 관심이 일본 소년들에게도 미치고 있음을 잘 보여주고 있다. 제5권인 『남양의 민족과 문화(南洋の民族と文化)』(김효순 번역)는 이토 겐(井東憲)이 1941년 간행한 서적이다.

이 책은 태평양전쟁 당시, '대동아공영권' 구상을 뒷받침하기 위해 일본과 남양의 아시아성을 통한 '민족적 유대'를 역설하고 있다. 방대한 자료를 통해 언어, 종교 등을 포함한 남양민족의 역사적 유래, 남양의 범위, 일본과 남양의 교류, 중국과 남양의 관계, 서구 제국의 아시아 침략사를 정리하여, 남양민족의 전체상을 입체적으로 그려내고 있다.

제6권인 『남양민족지(南洋民族誌)』(송완범 번역)는 일본의 평론가이자 전기 작가인 사와다 겐(澤田謙)이 1942년에 간행한 서적이다. 이 책은 당시 일본인들의 관심 사항인 남양 지역의 여러 문제를 일반 대중들에게 쉬운 문체로 평이하게 전달하려고 한 책인데, 특히 '라디오 신서'로서 남양을 '제국일본'의 병참기지로 보는 국가 정책을 보통의 일본 국민들에게 간결하고 평이하게 전달하고 있다. 제7권인 『나카지마 아쓰시(中島敦)의 남양 소설집』(엄인경 번역)은 1942년에 간행한 남양 관련 중단편 10편을 묶어 번역한 소설집이다. 나카지마 아쓰시가 남양 관련 작품을 창작하고 발표한 시기는 태평양전쟁의 확산 시기와 겹친다. 스코틀랜드 출신 소설가 R.L.스티븐슨의 사모아를 중심으로 한 폴리네시아에서의 만년의 삶을 재구성하거나, 작가 자신의 팔라우 등 미크로네시아 체험을 살려 쓴 남양 소설들을 통해 반전 의식과 남태평양 원주민들을 바라보는 독특한 시선을 느낄 수 있다.

제8권인 『남방 제지역용 일본문법교본 학습지도서(南方諸地域用日本文法教本學習指導書)』(채성식 번역)는 태평양전쟁의 막바지인 1945년에 남방지역에 대한 일본어교육 및 정책을 주관한 문부성이 간행한 일본어 문법 지도서이다. 언어 유형론적으로 일본어와 다른 언어체계를 가진 남방지역의 원주민을 대상으로 당시 일본어교육 현장에서 어떠한 교수법과 교재가 채택되었는지를 본서를 통해 엿볼 수 있다.

이들 번역서는 메이지(明治)시대 이후 남양으로 인식된 이 지역에 대한 관심과 대외팽창주의를 잘 보여주고 있으며, 이 지역의 역사, 문화, 풍토, 산업, 서양과의 관계, 남진론 주장, 언어 교육, 일본인들의 활동, 지리 등을 잘 보여주고 있다. 이 '일본 동남아시아 학술총서'는 메이지 유신 이후 동아시아의 근대화를 주도하고 주변국의 식민지배와 세계대전, 패전이라는 굴곡을 거치고도 여전히 동아시아에 막대한 영향력과 주도권을 행사하는 일본이 지난 세기 일본이 축적한 동남아시아에 대해 학지를 올바로 파악하는 데 도움을 줄 것으로 생각한다. 또한 다양한 분야에 본 총서가 기초자료로 활용함으로써 동남아시아 관련 후속 연구를 가능하게 할 것으로 기대하며, 이를 통해 신남방 시대의 학술적 교두보를 구축하는 데에 도움이 되기를 기대하는 바이다.

특히 어려운 환경에도 불구하고 이 총서간행을 기꺼이 맡아주신 도서출판 보고사의 김흥국 사장님과 꼼꼼한 편집을 해 주신 박현정 편집장을 비롯한 편집팀에게 감사한 마음을 전하고 싶다.

2021년 2월

고려대 글로벌일본연구원

〈일본 동남아시아 학술총서〉 간행위원회

범례

본서는 「일본문법교본」을 교수하는 분들의 참고정보를 제공하고자 교본을 축조(逐条)해설하는 한편, 교수법상 주의해야할 사항을 열거한 것입니다.

일본문법교본은 일본어 문법의 대강의 요지를 가르치는 것이 목적이므로 그 내용을 일반적인 구어(口語)에 나타나는 문법사항으로 한정하였으나, 본 지도서에서는 평소 접하기 힘든 예도 들어 추가적으로 설명하였습니다.

일본문법교본은 문법상의 술어나 분류 등에 대해 대체로 일반적인 문법교과서의 체제를 그대로 답습하고 있으나, 그 취급과 고찰방법에 관해서는 종래의 것과 차이점도 있습니다. 본서에서는 특히 이러한 점에 주의하여 설명하였습니다.

연습문제는 모두 일괄적으로 권말에 제시하였고, 교본의 번호와 페이지수도 병기하여 참조 시의 편의를 도모하였습니다.

본서에서는 일본문법교본의 장(章)·절(節) 체재를 그대로 답습하였으며 절의 설명이 다방면에 걸쳐 있는 경우는 그 안에 다시 소절(小節)을 설정, 이들을 별개로 나누어 설명하였습니다. 더불어 이들 소절에도 본서 전체의 번호를 괄호 안에 아라비아숫자로 표시하여 전후 참조 시의 편의를 제공하였습니다.

본서는 교수 시 참고하실 수 있도록 일반적으로 사용되는 동사·형용사의 각종 활용형을 부록으로 제시해두었습니다.

목차

간행사 … 5

범례 … 10

제1부
해설(解說)

서설(序說) 27

제1장 일본어의 문 30

(1) 【본장의 목적】 30

(2) 【1】 주어·술어 32

(3) 【2】 주어·객어·술어 33

(4) 【3】 수식어·수식되는 어 33

(5) 【4】 まる, てん, かぎ 34

제2장 명사(名詞) 36

(6) 【본장의 목적】 36

(7) 【5】 어의 종류 ………… 36
(8) 【6】 명사 ………… 36
(9) 【こと, もの 등】 ………… 37
(10) 【7】 명사는 주어가 된다. ………… 38
(11) (주의1) ………… 38
(12) (주의2) ………… 39
(13) (주의3) ………… 40
(14) (주의4) ………… 40
(15) (주의5) ………… 41
(16) 【주어가 되는 어】 ………… 41

제3장 수사(數詞) ………… 44

(17) 【본장의 목적】 ………… 44
(18) 【8】 수사 ………… 44
(19) 【9】 주된 수사 ………… 45
(20) 【10】 특별한 수사 ………… 46
(21) 【11】 순서 등급을 나타내는 수사 ………… 46
(22) 【수사의 주의할 용법】 ………… 47

제4장 대명사(代名詞) ………… 49

(23) 【본장의 목적】 ………… 49
(24) 【12】 대명사 ………… 49
(25) 【13】 보통의 대명사 ………… 50

(26) (주의1) ······ 51
(27) (주의점20) ······ 51
(28) 【체언의 용법】 ······ 51

제5장 동사(動詞) ······ 55

(29) 【본장의 목적】 ······ 55

제1절 활용(活用) ······ 55

(30) 【본 절의 목적】 ······ 55
(31) 【14】 동사 ······ 56
(32) 【15】 ······ 57
(33) 【16】 ······ 58
(34) 【17】 ······ 58
(35) 【18】 ······ 58
(36) 【19】 활용·활용형 ······ 59
(37) [(주의)] ······ 60
(38) [(주의2)] ······ 60
(39) 【20】 4단 활용(四段活用) ······ 60
(40) [(주의)] ······ 61
(41) 【4단 활용의 동사】 ······ 61
(42) 【「なさる, くださる, いらっしゃる, おっしゃる」의 활용】 ······ 61
(43) 【21】 1단 활용 ······ 62
(44) 【22】 상1단 활용·하1단 활용 ······ 63

(45) 【「ア상1」의 동사】 ………… 63
(46) 【「用ひる」と「用ゐる」】 ………… 64
(47) 【「하1단 활용」】 ………… 64
(48) 【「ア하1」의 동사】 ………… 65
(49) 【「ワ하1」의 동사】 ………… 66
(50) 【제1·2형의 1음절인 동사】 ………… 66
(51) 【「ハ상1」「ハ하1」의 동사】 ………… 67
(52) 【가능의 의미를 나타내는 동사】 ………… 68
(53) 【23】 변격활용(變格活用) ………… 69
(54) 【「サ변」의 복합동사】 ………… 70
(55) 【주의】 ………… 71
(56) 【2단】 활용의 종류 ………… 71
(57) 【25】 자동사와 타동사 ………… 72
(58) 【자동사(自動詞)와 「を」】 ………… 72

제2절 각 활용형의 주된 용법 ………… 73

(59) 【본 절의 목적】 ………… 73
(60) 【27】 제1형 ………… 73
(61) (주의1) ………… 74
(62) (주의2) ………… 75
(63) 【제1형 그 외의 용법】 ………… 75
(64) 【28】 제2형 ………… 76
(65) 【제2형의 그 외 용법】 ………… 77
(66) 【29】 제5형 ………… 78
(67) (주의1) 「行く」의 촉음편형 ………… 78

(68) (주의2) 「サ4」의 동사 ······ 78
(69) (주의3) ウ음편형 ······ 79
(70) 【30】 제3형 ······ 79
(71) (주의) ······ 79
(72) 【제3형의 그 외 용법】 ······ 80
(73) 【술어가 되는 것】 ······ 80
(74) 【31】 제4형 ······ 82
(75) 【32】 명령 말하는 법 ······ 83

제6장 형용사(形容詞) ······ 84

(76) 【본장의 목적】 ······ 84

제1절 제1종 형용사(第1種 形容詞) ······ 84

(77) 【본 절의 목적】 ······ 84
(78) 【33】 형용사 ······ 85
(79) 【34】 형용사의 종류 ······ 86
(80) 【35】 제1종 활용 ······ 86
(81) 【형용사와 형용동사】 ······ 87
(82) 【36】 제1형 ······ 87
(83) (주의1) ······ 88
(84) (주의2) ······ 88
(85) 【37】 제2형 ······ 88
(86) (주의3) ······ 88
(87) (주의4) ······ 89

(88) 【제2형 그 외의 용법】 …… 91
(89) 【38】 제3형 …… 91
(90) 【제3형 그 외의 사용법】 …… 93
(91) 【명사의 수식어가 되는 것】 …… 93
(92) 【39】 제4형 …… 95
(93) 【(주의7)】 …… 96
(94) 【40】 제5형 …… 96
(95) (주의8) …… 96
(96) 【ク활용과 シク활용】 …… 96

제2절 제2종 형용사(第2種 形容詞) …… 97

(97) 【본 절의 목적】 …… 97
(98) 【41】 제2종 형용사 …… 97
(99) 【각 형의 어원】 …… 98
(100) 【42】 제1형 …… 99
(101) (주의1) …… 99
(102) 제2형 …… 99
(103) (주의2) …… 100
(104) (주의3) …… 100
(105) (ろ) 어미가 「に」가 되는 것 …… 101
(106) (주의4) …… 101
(107) 【제2형 그 외의 용법】 …… 101
(108) 【44】 제3형 …… 102
(109) (주의5) …… 103
(110) (주의6) …… 103

(111) (주의7) ·· 103
(112) 【제3형 그 외의 용법】 ·· 104
(113) 【45】 제4형 ·· 104
(114) (주의8) ·· 104
(115) 【46】 제5형 ·· 105
(116) (주의9) ·· 105
(117) 【47】 제2종 형용사의 정중한 형태 ·· 105
(118) 【「おだやかです」의 더욱 정중한 형태】 ·· 106
(119) (주의10) ·· 107

제7장 부사(副詞) ·· 108

(120) 【본장의 목적】 ·· 108
(121) 【48】 부사 ·· 108
(122) 【49】 다른 부사를 수식하는 부사 ·· 109
(123) 【50】 부사의 위치 ·· 110
(124) 【51】 서술의 부사 ·· 110
(125) (주의) ·· 111
(126) 【동사형용사를 수식하는 어】 ·· 111
(127) 【동사의 그 외 용법】 ·· 113

제8장 접속사(接續詞) ·· 115

(128) 【본장의 목적】 ·· 115
(129) 【52】 접속사 ·· 115

(130) 【어와 어를 연결하는 접속사】 ······ 116
(131) 【53】 접속사의 종류 ······ 116
(132) 【접속사의 성립】 ······ 118

제9장 감동사(感動詞) ······ 119

(133) 【본장의 목적】 ······ 119
(134) 【54】 감동사 ······ 119
(135) 【55】 문과 동일한 감동사 ······ 120
(136) (주의) ······ 120

제10장 조동사(助動詞) ······ 121

제1절 조동사의 활용 ······ 121

(137) 【본장의 목적】 ······ 121
(138) 【56】 ······ 121
(139) 【57】 ······ 123
(140) (주의) ······ 123
(141) 【58】 ······ 123

제2절 「ない」 ······ 124

(142) 【59】 ······ 124
(143) 【조동사의 「ない」와 형용사의 「ない」】 ······ 125
(144) (주의1) ······ 127

(145) (주의2) …… 128
(146) (주의3) …… 128
(147) 【「ない」의 정중한 형태】 …… 129

제3절 「ます」 …… 129

(148) 【60】 …… 129
(149) (주의1) …… 130
(150) 【제3형의 「まする」】 …… 130
(151) (주의2) …… 130
(152) 【「ませ」「まし」】 …… 132
(153) 【담화와 「ます」】 …… 132

제4절 「れる」「られる」 …… 133

(154) 【61】 …… 133
(155) 【제1형】 …… 134
(156) 【제2형】 …… 134
(157) 【제3형】 …… 134
(158) 【제4형】 …… 135
(159) (주의1) …… 135
(160) 【수동의 형태와 조사 「に」「から」「及び」「を」】 … 135
(161) (주의2) …… 137
(162) (주의3) …… 137
(163) 【타인의 동작을 존경하는 형태】 …… 138
(164) (주의4) …… 139

제5절「せる」「させる」 …… 140

(165)【62】 …… 140

(166)【제1형】 …… 140

(167)【제2형】 …… 141

(168)【제3형】 …… 141

(169)【제4형】 …… 142

(170) (주의) …… 142

제6절「た い」 …… 143

(171)【63】 …… 143

(172)【「たい」의 접속】 …… 143

(173) (주의1) …… 144

(174) (주의2) …… 144

제7절「た」「(だ)」 …… 145

(175)【64】 …… 145

(176)【결과의「た」】 …… 146

(177)【「た」의 접속】 …… 146

(178)【제1형】 …… 147

(179)【제4형】 …… 148

제8절「だ」「です」 …… 148

(180)【65】 …… 148

(181)【「だ」의 활용】 …… 150

(182) 【제1형】 ···································· 151
(183) (주의1) ···································· 151
(184) 【제2형】 ···································· 152
(185) (주의2) ···································· 152
(186) 【중지의 「で」】 ···································· 152
(187) 【제3형】 ···································· 153
(188) 【제4형】 ···································· 153
(189) 【제5형】 ···································· 154
(190) 【66】 ···································· 154
(191) (주의1·2) ···································· 154
(192) 【「富士山だ」의 유형과 제2종 형용사】 ···································· 155

제9절 「う」「よう」 ···································· 157

(193) 【67】 ···································· 157
(194) (주의) ···································· 158
(195) 【「う」「よう」의 접속】 ···································· 158
(196) 【「う」「よう」에 붙는 명사】 ···································· 159
(197) 【어형(語形)의 변화가 없는 조동사】 ···································· 159
(198) 【그 외의 조동사】 ···································· 160
(199) (1)「たがる」 ···································· 161
(200) (2)「らしい」 ···································· 161
(201) (3)「やうだ(やうです)」 ···································· 162
(202) (4)「さうだ(さうです)」 ···································· 163
(203) (5)「まい」 ···································· 164

제11장 조사(助詞) ········ 166

(204) 【본장의 목적】 ········ 166
(205) 【68】 조사 ········ 167
(206) 【조동사와 조사의 차이】 ········ 168
(207) 【조사의 분류】 ········ 168
(208) 【69】「か」(제3종) ········ 169
(209) (주의) 반어(反語)의「か」 ········ 171
(210) 【70】「が」와「けれども」「けれど」 ········ 171
(211) 【71】「から」「まで」그리고「ので」 ········ 172
(212) 【72】「さへ」(제3종) ········ 173
(213) 【73】「しか」(제3종) ········ 174
(214) 【74】「だけ」(제3종) ········ 175
(215) 【75】「たり」(제2종) ········ 175
(216) 【76】「て」(제2종) ········ 176
(217) 【77】「で」(제1종) ········ 177
(218) (주의) ········ 177
(219) 【78】「ても」「でも」(제2종) ········ 178
(220) 【79】「と」 ········ 179
(221) 【80】「な」 (제3종) ········ 181
(222) (주의) ········ 181
(223) 【81】「に」(제1종) ········ 182
(224) 【82】「の」 ········ 183
(225) 【83】「のに」(제2종) ········ 185
(226) 【84】「は」(제3종) ········ 186

(226) 【84】「ば」(제3종)와「し」(제2종) …… 188
(227) (주의) …… 189
(229) 【86】「ばかり」(제3종) …… 190
(230) 【87】「へ」(제1종) …… 191
(231) 【88】「も」(제3종) …… 191
(232) 【89】「より」(제1종) …… 192
(233) 【90】「を」(제1종) …… 193
(234) …… 194
(235)「ぐらゐ(くらゐ)」「ほど」(제3종) …… 194
(236)「こそ」(제3종) …… 195
(237)「さ」「ぞ」「ね」「よ」(제3종) …… 195
(238)「でも」「など」(제3종) …… 197
(239)「ながら」「つつ」(제2종) …… 198
(240)「なり」「や」「やら」(제3종) …… 199

제2부 연습

연습 1 … 203
연습 2 … 205
연습 3 … 205
연습 4 … 206
연습 5 … 207
연습 6 … 207
연습 7 … 208
연습 8 … 209
연습 9 … 211
연습 10 … 211
연습 11 … 212
연습 12 … 213
연습 13 … 214
연습 14 … 215
연습 15 … 215
연습 16 … 216
연습 17 … 217
연습 18 … 218

연습 19 … 218
연습 20 … 219
연습 21 … 220
연습 22 … 221
연습 23 … 222
연습 24 … 223
연습 25 … 223
연습 26 … 224
연습 27 … 224
연습 28 … 225
연습 29 … 225
연습 30 … 226
연습 31 … 227
연습 32 … 228
연습 33 … 229
연습 34 … 229
연습 35 … 230
연습 36 … 231
연습 37 … 231
연습 38 … 232
연습 39 … 232
연습 40 … 233
연습 41 … 234
연습 42 … 234
연습 43 … 235

부록 … 257
역서 해설 … 258

제1부

해설(解說)

서설(序說)

일본어란 광의(廣義)로는 일본민족이 예부터 말로 전해오거나 기록해두었던 각 시대의 언어를 포함하나 일반적으로 일본어라고 칭하는 것은 협의(狹義)로는 「지금 현재 일본국민이 말하며 쓰고 있는 언어, 즉 「현대 일본의 언어」를 가리킵니다.

이와 같은 협의(狹義)의 일본어에는 「문어(文語)」와 「구어(口語)」가 있습니다. 문어는 문자로 기술할 경우에 사용하는 특별한 언어인 관계로 이를 「기술어(記述語)」 「기재어(記載語)」라고 하는 사람도 있습니다. 현재 법령의 문장과 관청의 공용문은 문어로 작성하는 것이 일반적이나 개인도 문어 문장을 쓸 때가 있습니다. 또한 편지를 쓸 때 소위 말하는 「候文(そうろうぶん)」[1]을 사용하는 사람도 적지 않으나 이 候文 역시 문어의 일종입니다.

여기서 문어는 다시 「음성언어」와 「문자언어」로 나뉩니다. 음성언어는 입에서 귀로의 언어이며, 주로 개인 간의 대화에 사용되므로 이를 「話し言葉」 혹은 「담화어」 「대화어」 「회화어」라고도 부릅니다.

1 편지에 쓰는 문어체(역자 주).

이에 비해 문자언어는 구어를 근간으로 한, 구어체의 문장에 사용하는 언어이며 항상 문자를 동반하므로 이를 「書き言葉」라고도 부릅니다.

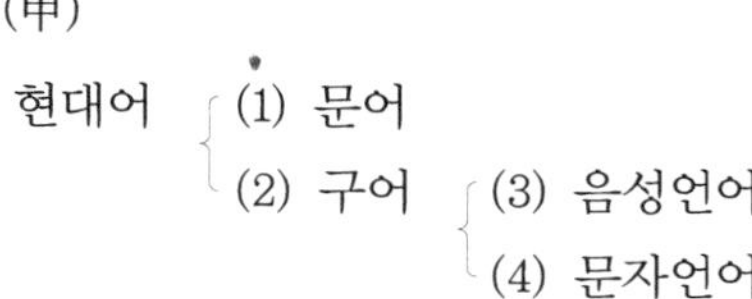

위 (4)의 문자언어는 문자로 표기할 때 사용하는 언어이므로 위 표(甲)의 (1)의 문어의 범주에 넣는 것이 지당하다고 주장하는 자도 있으나, 그렇게 되면 구어는 입에서 귀로의 언어, 즉 위의 음성언어를 의미하는 것이 되는 바, 결국 문어는 법령 등에 사용하는 특별한 언어와 구어체의 문장에 사용하는 것의 2 종류로 나뉘게 되어 다음의 (乙)의 표처럼 됩니다.

(乙)

현대어
- (1) 문어
  - (3) 법령 등에 사용하는 언어
  - (4) 구어체 문장의 언어
- (2)구어(음성언어)

위의 시점은 일목요연한 정리임에는 틀림없으나 일반적으로는 (甲)의 표처럼 통용되므로 본서에서도 이에 따도록 하겠습니다.

여기서 주의할 점은 음성언어는 입에서 귀로의 언어라고는 하지만, 이러한 부류의 언어는 지역에 따라 반드시 동일하다고는 볼 수 없다는 것입니다. 현재 어떤 지역에서 사용되는 음성언어의 전체를 총괄하여 그 지역의 「방언(方言)」이라 규정한다면 일례로 나고야 방언은 오사카 방언과 일치하지 않는 면이 있고 오사카 방언은 히로시마방언과는 다른 면이 있습니다. 소위 동경어 역시 일종의 방언으로 나고야 방언·오사카 방언·히로시마 방언 등과는 차이를 보입니다. 우리가 흔히 말하는 음성언어 또는 구어는 그러한 방언이 아닌 규범의 의미가 더해진 언어이기에 일반적으로 「표준어」라고 명명하는 것입니다. 즉 현재 일본 국내 어딘가의 지방에서 실제로 사용되고 있는 언어 그 자체가 아닌 「이렇게 사용해야하는 언어」로서 정착된 언어라는 것입니다. 다시 말해 지방적 의미를 초월하여 일본국 어느 지역에서도 전국적으로 통용될 수 있는 언어라고 할 수 있습니다. 이는 음운·문법·어휘 등 언어의 모든 요소에 동일하게 적용되나 일본문법교본은 그 중에서도 문법에 관한 것을 중점적으로 서술하고 있습니다. 단 세부적인 사항까지 일일이 모두 언급할 수는 없는 바 주요사항만을 다루고 있습니다.

제1장

일본어의 문

(1) 【본장의 목적】

본장에서는 일본어의 특질 중에서도 문법상으로 가장 두드러진 특징 중 하나인 어순에 대해 다루고 있으며 문장을 쓸 때 사용하는 부호에 대해서도 부연 설명하였습니다.

교본에서는 주어(主語), 술어(術語), 객어(客語), 그리고 수식어(修飾語)라는 용어를 사용하고 있음에도 불구하고 이들에 대해서는 별도로 설명을 하지 않았으나, 이는 국어 문법에 대해 어느 정도 학습한 자를 상정하였기 때문입니다. 이들 용어는 이를 표현하는 언어가 설사 다르더라도 대부분의 국어에 공통적으로 존재하는 요소이며 교본에서도 본문 아래에 밑줄을 긋고 부언 설명하고 있어 쉽게 이해할 수 있으리라 생각합니다.

아래에서는 이들 용어를 중심으로 설명을 이어가도록 하겠습니다.

①「飛行機」「大きい」「飛ぶ」「勇ましく」는 각각 하나의 개념을 나타내는 어이지만「大きい飛行機」「勇ましく飛ぶ」라고 하면 어떤

비행기가 어떻게 나는가가 명확해집니다. 「大きい」「勇ましく」처럼 다른 어의 앞에 와 그 의미를 상세하게 결정함을 「수식한다」라고 합니다.

② 「飛行機」「飛ぶ」를 「飛行機が飛ぶ」와 같이 연결하면 하나로 정리된 사상(思想)을 나타내게 됩니다. 이처럼 하나로 정리된 사상을 나타내는 어의 연쇄(連鎖)를 「문」이라고 합니다.

③ 大きい 飛行機 が 勇ましく 飛び ます

위의 문은 여섯 개의 어로 구성되어 있으나 이 중 「が」와 「ます」는 반드시 앞의 어에 부속(付属)되어 있어 단독사용은 불가능합니다. 따라서 이러한 문은

大きい 飛行機 勇ましく 飛びます。

등 4개의 부분으로 성립되었다고도 볼 수 있습니다. 이와 같이 문을 구성하는 각 부분을 「문의 성분」이라고 합니다. 문의 성분에는 주어, 술어, 수식어 등의 세 종류 외에도 독립어(獨立語)라는 것이 있습니다.

④ 문에서 위의 「飛行機が」처럼 주제(主題)가 되는 성분을 「주어」라고 하며, 「飛びます」처럼 주제에 대해서 서술하는 성분을 「술어」라고 합니다. 또한 「大きい」「勇ましく」처럼 다른 성분을 수식하는 성분을 「수식어」라고 합니다.

(주의) 상기의 문에서 주어, 술어를 각각「飛行機」「飛ぶ」라고 하지 않고「飛行機が」「飛びます」라고 한 것은 위의 (3)에서 기술한 바와 같이「が」「ます」가 각각「飛行機」「飛ぶ」에 부속되어「飛行機が」「飛びます」와 같이 각각이 하나의 성분을 이루고 있기 때문입니다.

⑤ 수식어 중 예를 들어,

私も 弟に 文法を 教へる。
氷が 水と なる。
中村は 日本歴史に くはしい。

의「弟に」「文法を」「水と」「日本歴史に」등은「教へる」「なる」「くはしい」등의 의미에 결여된 부분을 보충하는 것으로「보어(補語)」라는 명칭과 함께 수식어와는 구별되며, 보어 중「弟に」「文法を」와 같이 동작의 대상을 나타내는 것을「객어」라고도 합니다. 교본의【2】에서는「本を」「草を」등을 객어로 제시하고 있습니다.

(2)【1】주어·술어

일본어의 문에서는 우선 주어를 말한 다음, 술어를 말하는 것이 일반적입니다. 즉 주어·술어의 순서가 됩니다. 하지만 주어·술어의 위치가 정반대가 되는 때도 있습니다. 이를 성분의「도치(倒置)」라고 합니다. 도치는 주로 수식 상의 필요에 따라 생기는 것입니다.

(3) 【2】 주어 · 객어 · 술어

일본어의 문에서는 객어를 말한 다음, 술어를 말하는 것이 일반적입니다. 즉 주어 · 객어 · 술어의 순서가 됩니다. 이 경우에도 도치가 이루어질 때가 있습니다.

또한 교본의 세 번째, 네 번째 예에는 각각 두 개의 객어 「子牛に」 「お乳を」 「繪を」 「私に」가 있으나 이들의 순서에 엄격한 규칙은 없습니다.

親牛が 子牛に お乳を 飲ませてゐます。
親牛が お乳を 子牛に 飲ませてゐます。
先生が 繪を 私に 下さいました。
先生が 私に 繪を 下さいました。

하지만 「子牛に お乳を」 「私に 繪を」의 순서로 차례로 말하는 것이 일반적입니다.

(4) 【3】 수식어 · 수식되는 어

일본어의 문에서는 수식어가 수식을 받는 어의 앞에 오는 것이 일반적입니다. 교본의 첫 번째, 세 번째 예로 말하자면, 수식어 「美しい」 「一生懸命に」는 각각 뒤에 오는 「花」 「働く」를 수식하고 있습니다. 단 수식어는 항상 수식되는 어의 바로 앞에 온다고는 볼 수 없습니다. 예를 들어,

수식　　　* * * * *
まだ 月は 昇りません。

すぐ 私も 参ります。

등이 그렇습니다. 또 아래 예처럼 도치도 있습니다.

雨は やみましたよ、もう。

もう 一度 云って 御覧なさい、はっきりと。

이와 같은 용법도 주로 수식 상의 필요에 의해서 발생했다고 볼 수 있습니다.

(5) 【4】 まる, てん, かぎ

여기서는 일본어의 문을 문자로 표기할 때의 경우에 관해 서술합니다. 전에는 「마루(まる)」를 「구점(句点)」, 「텐(てん)」을 「독점(讀点)」, 둘을 합쳐 「구독점(句讀点)」이라 칭하였으며, 어떠한 경우에 구점과 독점을 붙일까를 정한 것을 「구독법(句讀法)」이라고 합니다. 단 「텐」이나 「마루」를 붙이는 법은 사람에 따라 다르며 그 중에서도 「텐」을 붙이는 법은 사람에 따라 다과(多寡)의 차이가 특히 큽니다. 따라서 「구독법」이라고는 하지만 항상 예외 없이 일정한 것은 결코 아닙니다. 극단적인 경우 「텐」 「마루」를 전혀 붙이지 않은 문도 있을 수 있습니다.

「가기(かぎ)」는 교본에서도 서술하고 있는 바와 같이 인용한 문이라든가 특히 주의해할 단어의 전후에 붙입니다.

또한 교본에는 제시하고 있지 않으나 대등하게 병렬로 연결된 어와 어 사이의 가운데에 다음과 같이 「·」를 붙이는 경우도 있습니다.

이를 「구로마루(黑丸(くろまる))」라고 합니다.

太郎・次郎は中學生です。

東京・大阪の二大都市。

제2장

명사(名詞)

⑹【본장의 목적】

본장에서는 일본어 명사의 성질에 대해 설명하였습니다. 외국어 중에는 명사에서조차 문법적 규정이 상당히 복잡한 것이 있으나 일본어 명사는 아주 간단합니다.

⑺【5】어의 종류

명사·수사 등의 각론(各論)에 들어가기에 앞서 일본어 단어의 분류를 제시하였습니다. 단 이들 분류의 세부 명칭을 여기서 반드시 외우게 하지 않아도 무방하다고 생각합니다. 하지만 전체적으로 명사의 종류가 얼마나 있는지에 관한 정보를 제공하기 위해 여기서는 그 명칭을 하나하나 언급해두었습니다.

⑻【6】명사

명사에 속하는 어를 종류별로 나누어 제시하였습니다.

제1행의 「日本, 東京」는 지명(地名)이며 「太郎, 野口英世」는 인명

(人名)입니다. 이들을 「고유명사(固有名詞)」라고 합니다.

제2행의 「犬, 繪, 海」는 동일한 종류의 공통된 이름을 나타내며 「보통명사(普通名詞)」라고 합니다.

제3행의 「家族, 國民, 軍隊」는 중합체(衆合體)의 이름이며 「중합명사(衆合名詞)」라고 합니다.

제4행의 「パン, 牛乳, 油, 水」는 물질의 이름이며 「물질명사(物質名詞)」라고 합니다.

제5행의 「いのち, 思想, 用事」는 형태가 없는 물질의 명칭으로 이들을 「추상명사(抽象名詞)」라고 합니다.

이 외에도 명사는 다양한 관점에서 다양하게 분류할 수 있지만 일본어의 경우 명사를 어떻게 분류하더라도 각각이 특별한 언어상의 규정을 수반하지는 않습니다. 다시 말해 일본어 명사 하나하나는 문법적으로 공통된 성질을 갖고 있어 이를 다시 세부적으로 분류할 필요는 없다는 것입니다. 종래의 문법교과서 등에서는 日本·野口英世 등과 같은 지명·인명을 「고유명사」, 그 외의 犬·家族·パン·いのち 등을 「보통명사」의 두 종류로 나누고 있으나 이는 문법상의 성질이 아닌 어디까지나 실용(實用)적 목적에 기인합니다.

(9) 【こと, もの 등】

교본에서는 「지명·인명 혹은 사물의 이름을 나타내는 어를 명사라고 한다」고 설명하였으나 예를 들어,

私は読むことが好きです。
私も何か読みたいが、読むものが無い。

의「こと」「もの」는 의미가 막연하여 일정한 사물의 이름을 나타낸다고는 볼 수 없습니다. 하지만 이들 어는 다른 일반적인 명사와 문법상의 성질이 동일하기 때문에 역시 명사로 취급합니다.

(10)【7】명사는 주어가 된다.

명사에는 여러 사용법이 있으나 그 중 가장 대표적인 것은 주어가 될 수 있다는 것입니다. 하지만 이를 역으로「주어가 되는 어는 명사다」라고 생각해서는 안 됩니다. 왜냐하면 명사 이외에도 주어가 될 수 있는 어가 있기 때문입니다. 이에 대해서는 (16)에서 서술하였습니다.

교본에도 언급해두었으나 명사가 주어가 될 경우「が」「は」외에도「も」「さえ」「まで」등의 조사(助詞)가 붙는 것이 일반적입니다. 이들 조사는 부수적인 것이므로 취급상으로는 이들을 포함하여 주어로 불러도 무방합니다. 실제로 교본에서도 그렇게 부르고 있습니다.

(11) (주의1)

「茶」「菓子」「しまい」라고 하면 단순히 그 사물을 나타낼 뿐 경양(敬讓, 존경과 겸양)의 의미를 나타내지는 않지만,

お茶が飲みたい。
おいしいお菓子を買ひません。

今日の授業はこれでおしまひにします。

처럼 앞에 「お」를 붙이면 정중한 어투가 됩니다. 단 이들 어 중에는 예를 들어,

結構なお茶(お菓子)を頂きまして、ありがたう存じます。

처럼 존경의 의미를 나타내기 위해 사용하는 경우가 있습니다. 다시 말해 茶·菓子의 주인인 상대방에 대해 존경의 의미를 나타내기 위해 「お茶」「お菓子」라고 한 것입니다.

다음으로 인명 아래에 「さま」「さん」「君」를 붙이는 경우가 있습니다. 「さま」는 존경을 나타내며 「さん」은 존경의 의미로 사용될 때도 있으나 친애의 의미를 표하기 위해 사용하는 것이 일반적입니다. 한편 「君」는 남자들이 동년배(同年輩) 또는 손아랫사람에게 사용하여 친애(親愛)의 의미를 나타냅니다.

(12) (주의2)

명사 중에는 복수(複數)를 나타내는 형태가 있습니다. 예를 들어 「先生」에 대해 「先生がた」가 그렇습니다. 하지만 「先生」와 「先生がた」를 구별하는 문법상의 엄격한 규칙은 존재하지 않습니다. 교본의 예를 제시하자면,

中學生の 先生が お出でになりました。

의 「先生」 대신에 「先生がた」를 사용할 수도 있습니다. 다시 말해 「先生」가 「先生がた」로 되더라도 그 앞과 뒤에 붙는 단어에 변화는

없습니다.

한편「先生がた」「生徒たち」(「生徒」의 복수를 나타내는 형태)라는 복수형태도 있어「先生」,「生徒」가 항상 단수 형태만으로 사용되는가 하면

五人の<u>先生</u>で三百人の<u>生徒</u>を教へて居ります。

처럼 2인 이상의「先生」「生徒」의 의미로도 사용될 수 있습니다. 따라서 일본어에는 수(Number)에 관한 엄격한 규칙이 없다고 볼 수 있습니다.

(13) (주의3)

일본어의 명사 그 자체는「격(格)」을 나타내는 특별한 형태가 없어 교본에서처럼 주로 조사「が, の, へ, に, を」를 붙여 격을 나타냅니다. 따라서 일본어 문법의 명사 파트에서는 격에 대해서는 따로 언급하지 않도록 하겠습니다.

또한 상기의 조사는 일반적으로「격조사(格助詞)」라고 하며 이 외에도「と, より」등이 있습니다.

昨日 友達<u>と</u> 公園へ 行った。
公園は ここ<u>より</u> 涼しい。

(14) (주의4)

일본어 명사에는 남녀의 성(性)을 구별하는 어는 있으나 서양의 문

헌 등에 흔히 등장하는 「문법상의 성」은 없습니다. 즉 일본어에는 남성명사·여성명사 등과 같이 문법상의 특별한 규칙을 수반하는 명사는 없습니다.

(15) (주의5)

독일어·프랑스어·영어 등은 명사에 붙는 관사(冠詞)가 있으나 일본어는 관사가 없습니다.

(16) 【주어가 되는 어】

앞서 (10)에서 명사는 주어가 되지만 주어가 되는 것은 명사에 한정되지 않는다고 하였습니다. 그렇다면 주어가 되는 어에는 어떠한 것이 있는지에 대해 이하 간단히 살펴보도록 하겠습니다.

일반적으로 주어가 될 수 있는 부류는 다음과 같습니다.

(甲) 명사
軍隊が 通ります。
太郎は 庭に居ります。
あそこには 店も ある。

(乙) 수사(數詞)
中村と武田の二人が 歸りました。
一羽は雄鳥で、三羽は雌鳥です。
第一時間目は 日本語の時間です。

(丙) 대명사(代名詞)

だれが 殘잔って居ますか。

これは 私の帽子です。

あれも こはれました。

どちらが 東ですか。

명사·수사·대명사가 주어가 될 때는 조사 「が」가 붙는 것이 일반적이나 특별한 의미를 더하기 위해 「は」 「も」 등을 붙일 때도 있습니다.

(丁) 동사 및 동사에 조동사(助動詞)가 붙는 것

鳴くのが雄で、鳴かないのが雌です。

負けるのは 恥だ。

夜寢るのも早いが、朝起きるのも早い。

人のゐる前で叱られるのは、一番つらい。

(戊) 형용사 및 형용사에 조동사가 붙은 것

新しいのが、弟の帽子です。

あんなに重かったのが、こんなに輕くなりました。

親切なのは、中村さんです。

きれいだったのも、みにくくなってしまひました。

위의 (丁)(戊)와 같이 동사·형용사 및 그것에 조동사가 붙은 형태가 주어가 되는 경우는 제3형에 조사 「の」가 붙고 그 뒤로 「が, は, も」 등의 조사가 이어집니다. 이 때 「の」는 「もの」 「こと」 등의 의미가 됩니다.

더불어 아래와 같이 대등한 자격으로 연결된 형태가 주어가 되기도 합니다.

中村と武田が、缺席しました。
中村か武田が、運動場に居りませう。
する·しないが問題ではない。出來る·出來ないが問題なのです。
鉛筆にもよい·わるいがある。

위 예의 「中村」와 「武田」, 「する」와 「しない」, 「できる」와 「できない」, 「よい」와 「わるい」가 각각 대등한 자격으로 연결되어 있는 어입니다.

제3장

수사(數詞)

(17) 【본장의 목적】

본장에서는 수사의 성질에 대해 밝히도록 하겠습니다. 수사를 명사에서 독립시키는 것에 대해서는 학자 사이에서도 이론(異論)이 있는데 이는 수사를 명사의 일종으로 보는 경우가 많기 때문입니다. 하지만 일본어의 수사는 단순히 사물의 수량을 나타내는 것 외에도 그 수사에 따라 어떤 사물의 수량인가도 알 수 있고, 나아가 일반적인 수사에는 명사로 보기에는 다소 특이한 용법도 존재하는바 교본에서는 별도의 항목으로 취급하고 있습니다. 물론 하나하나의 사물에 대해, 예를 들어 새·곤충 등을 셀 때 어떤 수사를 사용할지 여부 등은 문법의 문제는 아니나 이들을 예로 일본어 수사의 특이점에 대해 이해할 수 있도록 지도해주시기를 바랍니다.

(18) 【8】 수사

수사는 수량을 셀 때 사용하는 어이자 순서·급(級) 등을 나타낼 때 사용하는 어입니다. 주의할 점은 수사라고 하는 경우의 수는 수학

(數學)에서 말하는 수와는 달라 의문의 수 「いくつ, いくら, 何人, いく枚」 등도 수사의 범주에 속합니다.

또한 순서·급 등을 나타내는 어라고는 하지만, 예를 들어 「최초, 최후」라든가 「특등, 상등, 중등」 등은 수사가 아닙니다. 교본에서 예로 든 「第一回」 「二等」처럼 「수에 의해 순서·급 등을 나타내는 어」가 아니면 안 됩니다.

(19) 【9】 주된 수사

여기서는 기본이 되는 수사를 제시하였습니다. 이 중 주의를 요하는 것은 (ろ)부로 11부터 19까지는 10에 1, 2 등을 붙이는 방식이며, 20은 2에 10을 곱하는 방식입니다.

101부터 199까지는 백에 1, 2, 3 등을 더하는 방식이며 200은 2에 100을 곱하는 방식입니다.

또한 100부터 199까지의 100은 보통은 일백이라고 하지 않고 백, 백일…백오십육과 같이 말합니다.

1000부터 1999까지의 1000도 보통은 천이라고 말하며 일천이라고는 하지 않으나, 억은 만, 억이 아닌 반드시 일만, 일만 오천, 일억, 일억 삼천 구백만과 같이 말합니다.

서양의 국어에서는 숫자 세는 법이 천을 단위로 순차적으로 상위의 호칭으로 옮겨가는 방법이 채용되나, 일본어(중국어도 동일)에서는 만(萬)을 단위로 하여 순차적으로 상위의 호칭으로 이어지게 되어 있습니다. 일례로 영어와 일본어의 숫자 세는 법을 대조시켜보면 다음과 같습니다.

영어	one ten one hundred	one thousand	ten thousand
	one hundred thousand	one million (one thousand thousand)	
	ten million	one hundred million	
일본어	一 十 百	千	一萬
	十萬	百萬	
	千萬	一億	

(20) 【10】 특별한 수사

세는 사물에 따라 특별한 수사를 사용한다는 것이 어찌 보면 번잡스러울 수도 있으나 이는 역으로 수사에 따라 어떤 사물의 수량을 나타내는지를 알 수 있게 됩니다. 예를 들어 「三人」이라고 하면 그것이 무엇에 대한 3의 숫자를 나타내는지는 문제가 되지 않으며 그것만으로 사람의 수가 3이라는 것이 이해될 수 있는 것입니다.

또한 교본에서는 일반적으로 사용하는 특별수사를 제시해두었으나 이하 몇 가지 예를 보충하도록 하겠습니다.

一挺《ちゃう》(墨·銃·蝋燭 등의 종류)
一艘《さう》(船)
一門《もん》(大砲)
一俵《べう》(米·炭 등을 넣은 가마)
一膳《ぜん》(膳一つ·또는 箸二本)
一足《そく》(靴·靴下·草履 등의 신는 것)

(21) 【11】 순서 등급을 나타내는 수사

교본에 있는 단어 외에도 「等」 등을 사용하여 「一等, 二等」라고 말할 때가 있습니다. 더불어 이들 수사를 명사 앞에 두고 아래와 같이 복합명사를 만드는 경우가 있습니다.

第一中學校　二號表　三級俸
一番乗り　二等賞

또한 월일을 나타내는 「七月七日」 「十二月八日」 등은 「第七月, 第七日」 「第十二月, 第八日」의 의미입니다. 7, 12의 월수를 나타낼 때는 「七箇月十, 十二箇月」이라고 하므로 이들을 구별하는 것이 가능하나, 일수인 7, 8을 나타낼 때는 역시 「七日, 八日」이라고 하여 특별한 구별은 없습니다.

(22) 【수사의 주의할 용법】

교본 〔10〕의 상단의 예를 보면 三人·三册·三臺는 주어인 「子供, 本, 馬車」의 수를 나타내고 있으나 단어로서는 각각 아래의 「遊んでいます, あります, 行きます」로 이어집니다. 즉 이들 수사는 아래에서 설명할 부사(副詞)의 기능을 갖고 있다는 것입니다. 이 경우,

子供三人が…。　本三册が…。
馬車三臺が…。

이라고는 말하지 않습니다. 더불어,

三人の子供が…。　三册の本が…。
三臺の馬車が…。

처럼 말하는 것은 구어문에서는 가능하나, 담화(談話)에서는 사용하지 않습니다.

(10)의 하단은「子供, 本, 馬車」가 객어인 점을 제외하면 대체로 위에서 언급한 것과 동일합니다. 즉 일반적으로는,

> 子供三人を…。 本三冊を…。
> 馬車三臺を…。

처럼 말하지는 않으며 더불어,

> 三人の子供を…。 三冊の本を…。

처럼 말하는 것은 구어문에서는 가능하나 담화에서는 사용하지 않습니다.

제4장

대명사(代名詞)

(23) 【본장의 목적】

본장에서는 대명사의 주요한 사항에 대해 설명하고자 합니다. 일본어의 대명사, 그 중에서도 사람과 관련된 것은 어수가 많아 이들을 완전히 구별해 사용하는 것은 그리 쉬운 일이 아닙니다. 하지만 이를 문법의 문제라고는 볼 수 없습니다. 문법상의 견지에서 대명사는 명사처럼 지극히 간단하여 거의 설명할 것이 없다고 봐도 무방합니다. 따라서 본장에서 기술하고 있는 내용은 엄격한 의미에서 문법의 문제는 아닙니다.

(24) 【12】 대명사

교본에서는 사람·사물·장소·방각(方角)에 관한 어를 예로 들어 대명사를 설명하였으나 한마디로 대명사는 이름이 아닌 무언가를 가리켜 말하는 어입니다. 즉 「가리켜 말하다」 또는 「지시하다」라는 것이 대명사의 특징입니다.

다음으로 교본에서 「대명사의 사용법은 명사와 거의 동일하다」고

하였으나 그 중 대표적인 것이 주어가 될 수 있다는 사실입니다. (교본의 (7) 참조) 그러나 명사, 대명사에는 이 외에도 여러 용법이 있는바 이에 관해서는 후술하도록 하겠습니다. (본 지도서 (28) 참조)

(25) 【13】 보통의 대명사

교본에서 제시한 대명사는 보통의 담화에 사용하는 어이나 사람과 관련된 대명사는 그 외에도 다양합니다.

특히 주의해야 할 점은 제3인칭의 대명사 중 제1단의 어두(語頭)에 「こ」가 있는 어는 화자가 자신으로부터 가까운 사람이나 사물을 가리키며, 제2단의 어두에 「そ」가 있는 어는 상대에게 가까운 것을 가리키고, 제3단의 어두에 「あ」가 있는 어는 청자, 화자 모두로부터 가깝지 않은 사람이나 사물을 가리킬 때 사용한다는 것입니다. 또한 제4단의 대명사는 아래와 같이 의문(疑問)의 의미를 나타내거나 정해지지 않은 것(不定)을 말할 때 사용합니다. (이 경우에는 조사 「か」를 붙이는 것이 일반적입니다.)

あのかたは どなたですか。(의문)
太郎は今 どこにゐるだらうか。(의문)
運動場にはまた だれかゐるでせう。(부정(不定))
私も なにか買ひませう。(부정)

한편 대명사 표에서 사람을 나타내는 제3인칭의 란에 ( )표시를 한 「このひと, そのひと, あのひと」는 정중한 의미가 없는 어이므로 담화에서는 그다지 사용하지 않습니다.

(26) (주의1)

교본에서는 사람 대명사의 복수를 나타내는 어를 제시하지 않았으나 이들과 단수를 나타내는 어 사이에 다른 문법상의 규정이 있는 것은 아닙니다. 이를 교본의 첫째, 두 번째 예로 말하자면 「あなた」에도 「あなたがた」에도 「の」가 붙어 있으며 모두 「帽子」에 대한 수식어로 기능합니다. 또한 「あなたの帽子」의 帽子는 단수(單數)이고 「あなたがたの帽子」의 帽子는 복수로 어느 쪽도 「です」를 사용하고 있습니다. 더불어 수(數)가 다른 帽子를 동일하게 「これ」로 나타내고 있습니다.

일본어의 대명사는 단수·복수를 구별하는 어가 있기는 하나 그에 준하는 문법상의 규정은 없습니다.

(27) (주의점20)

명사 자체는 격을 나타내지 않는다는 사실과 명사에 문법상의 성(性)이 존재하지 않는다는 사실은 이미 교본 (7)의 (주의3·4)에서 언급한 바이나 이는 대명사에도 그대로 적용됩니다.

(28) 【체언의 용법】

명사·수사·대명사를 「체언(體言)」이라고 합니다. 용법에 대해서는 이미 언급한 것도 있으나 여기서는 그 중 주요한 것만을 정리해서 설명하겠습니다.

(甲) 주어로 사용한다.

雨が 降ってをります。
中村と武田の二人は 缺席しました。
私も 萬年筆を買ひました。

상기의 예처럼 체언이 주어가 될 때는 조사 「が」가 붙는 것이 일반적으로 「は」 「も」 등도 붙습니다. 하지만 상기 예의 주어에 대한 술어가 아래처럼 체언, 혹은 체언과 같은 자격의 어로 이어질 때는 주어 아래에 「の」를 사용하기도 합니다.

雨の 降る日には、うちに居ります。
二人の 缺席したのは、なぜですか。
私の 買った萬年筆は、これです。

(乙) 술어로 사용한다.

あれは 學校だ。(助動詞)
兄は 十歳で 弟は 五歳です。(助動詞)
さう言ったのは 私です。(助動詞)
泣いたのは、小さい弟らしい。(助動詞)
われわれは アジア人である。(助動詞, 動詞)
中村のかいた繪は、これではない。(助動詞, 助詞, 形容詞)
あれは 島か。(助詞)
歸ったのは 五人か。(助詞)
中村の本は これさ。(助詞)

위와 같이 체언에 조동사·동사·형용사·조사 등을 붙여 술어로 사용하기도 합니다.

(丙) 체언에 대한 수식어로 사용한다.

中村の 本。　私の 鉛筆。　二つの 目。
家の なか。　どちらの 方角。

위와 같이 체언에 조사 「の」를 붙여 뒤에 오는 체언에 대한 수식어로 사용합니다. 또한 아래 예와 같이 체언에 다른 조사가 붙어있는 것 뒤에 한 번 더 「の」를 붙여 수식어로 사용하는 경우도 있습니다.

友達からの手紙。　學校への近道。
十二時までの授業。　ここだけの話。

(丁) 동사(조동사가 붙기도 함)에 대한 수식어로 사용한다.

風が 毎日 吹く。
弟も 來月 旅行する。
私は 今朝 早く起きました。
昨日 中村くんがたづねて來ました。
本が 三册 あります。
馬車を 一臺 見ました。

위와 같이 명사·수사를 그대로 수식어로 사용할 때가 있으나 아래의 예처럼 조사를 붙이는 경우도 있습니다.

私は 今朝も 早く起きました。

昨日は 中村君がたづねて來ました。
本が 三册ばかり あります。
店は 一軒も ありません。
馬は 二疋しか 居ない。

위와 같은 종류의 수식어 중 예를 들어,

猫は 鼠を 捕る。
湯が 水と なる。
公園が 學校に 近い。

의 「鼠を」 「水と」 「學校に」는 술어로 사용된 동사 「捕る」 「なる」, 형용사 「近い」의 의미적으로 결여된 부분을 보충한다고 보고 이를 「보어(補語)」라고 합니다. 한편 보어 중 「鼠を」처럼 동작의 대상을 나타내는 어를 「객어」라고 합니다.

체언은 보어가 될 때는 위의 예처럼 조사 「を, と, に」를 붙이거나 「へ, より, から」를 사용하는 것이 일반적입니다. 이들의 예를 제시하면 다음과 같습니다.

船は 東へ 向かいました。
今日は 昨日より 涼しい。
私は 十五ページから 讀みませう。
田中が それを 書いたのです。
父は まちがって 太郎を 次郎と 呼びました。
私も 田中君に 會ひませう。

제5장

동사(動詞)

(29) 【본장의 목적】

본장에서는 동사 전반에 걸쳐 그 문법적 성질에 대해 설명하고자 합니다. 동사는 형용사와 함께 주로 서술부(敍述部)를 담당하며 문을 구성하는 근간이 되므로 이에 관해서는 정확한 지식을 갖고 있지 않으면 안 됩니다. 지도 시에는 차근차근 서두르지 마시고 진행시켜주셨으면 합니다.

제1절 활용(活用)

(30) 【본 절의 목적】

본 절에서는 우선 동사란 어떤 어인가에 대해 가르치고, 다음으로 동사를 예로 활용이란 무엇인가를 이해시킨 후 마지막으로 동사 활용의 종류를 가르치도록 하였습니다. 동사에 활용이 있다는 것은 지금까지 배운 명사·수사·대명사 등과 구별되는 동사의 가장 큰 특색으로 실제로 동사의 활용에 대한 충분한 이해가 없으면 일본어에 대한 이해는 물론 만족스러운 학업 성과 역시 기대할 수 없습니다. 특히 뒤에서 다룰 조동사의 경우, 동사의 활용을 모르면 동사와 조동사 사이의 경계조차 판별할 수 없게 되어 엄청난 혼란을 야기할 수 있습니다. 따라서 본 절에서는 최대한 힘써 지도해주셨으면 합니다.

(31) 【14】 동사

여기서는 일반적인 문법서와 동일하게 동사에 대해 주로 어가 나타내는 의미를 중심으로 설명하였습니다. 동사는 교본의 예인 「鳴く」와 같은 동작, 「降る」와 같은 작용을 「서술하는 어」입니다. 여기서 사물의 동작·작용이나 존재를 「나타내는 어」가 아닌 「서술하는 어」를 동사라고 한 이유는 동사가 동작·작용이나 존재를 나타내어 술어가 되기 때문입니다. 예를 들어 「中村は泳ぎが上手だ」「あの川の流れは大變急だ」의 「泳ぎ, 流れ」는 동작·작용을 나타내고는 있으나 서술하는 기능을 갖지 않으므로 동사가 아닙니다. 이들은 동사에서 명사로 전성(轉成)된 것입니다.

위에서는 동사를 의미적으로 설명하고 있으나, 그것만으로는 동사 여부를 판별하기 어려운 경우가 있습니다. 실은 본 절에서 활용의 종류를 모두 배운 후 그 중 어느 활용에 속하는가를 알았을 때 비로소 확실히 동사를 판정할 수 있습니다. 하지만 처음부터 세부적인 사항까지 활용에 대해 교수하는 것은 불가능하므로 우선 의미에 바탕을 둔 동사의 대체적인 개념을 제공할 수밖에 없는 것입니다.

다음으로 동사 판별법 중 하나가 「동사는 ウ단으로 끝난다」는 것입니다. 이는 동사를 술어로 삼아 문말(文末)에 사용할 때의 형태임과 동시에 그러한 동사를 말할 때의 형태이기도 합니다. 즉 우리들은 보통 「鳴く」라는 동사, 「ゐる」라는 동사라고 말합니다.

또한 (15)~(19)에서는 「鳴く」 「降る」를 예로 활용을 설명하였습니다. 4단 활용의 동사는 다른 활용 동사보다도 알기 쉽기 때문입니다.

(32) 【15】

(18)까지는 우선 동사에 어떤 의미를 더하거나 어떤 기능을 부여할 때 어떻게 해야 할 지를 설명한 후 그 형태에 대해 서술하였습니다. 구체적으로는 (15)에서 「동사를 부정할 때는 이것에 「ない」라는 어를 붙입니다」라고 설명한 후, 「鳴く」 「降る」에 「ない」가 붙으면 「鳴か」 「降ら」와 같은 형태가 되는 점을 가르치도록 하였습니다. 이는 문법적 사실을 충분히 이해하지 못한 학습자를 상정하여 먼저 그 점을 확실히 주지시킨 후 그 형태에 주의를 기울이게 하는 것이 바람직하다고 생각하였기 때문입니다.

다음으로 조동사 「ない」는 교본 78페이지 하단부에 설명해두었으나, 거의 모든 동사의 제1형((19) 참조)에 붙으므로 이를 제1형의 판별에 사용한 것입니다. 단 「ない」는 동사 「ある」에만 붙는 것은 아니므로 주의를 요합니다. (교본 31페이지의 (주의2) 및 80페이지의 (주의3) 참조)

(33)【16】

「ます」는 교본 8페이지 하단부에 설명해두었으나, 거의 모든 제2형((19)참조)에 붙입니다. 따라서 이를 제2형의 판별에 사용하는 것입니다. 단「なさる, 下さる, おっしゃる, いらっしゃる」등은 현재에는 「ます」가 붙으면 마지막의「り」가「い」가 되는 것이 일반적입니다.

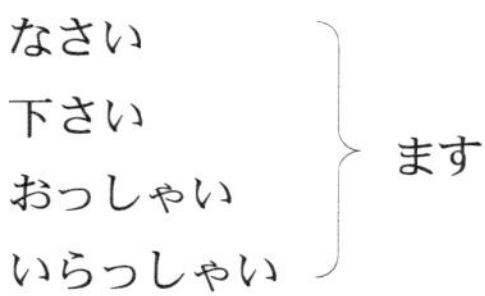

(34)【17】

여기의 예는 이미 (14)에서 나왔던 것입니다. 한편 담화에서도「小鳥が鳴く。」「ときどき雨が降る。」와 같이 말하지 않는 것은 아니지만, 이는 정중한 어투는 아닙니다. 담화에서는 보통 (16)의 (주의)에서 서술한 바와 같이 정중한 형태인「小鳥が鳴きます。」「ときどき雨が降ります」를 사용합니다.

또한 부사가 문의 마지막에 사용되면 모두 ウ단으로 끝남을 다시금 주의할 필요가 있습니다.

(35)【18】

조건을 나타내기 위해 동사를 사용할 때 반드시「ば」를 붙어야 한다고는 볼 수 없습니다. 일례로「鳴く」「降る」에 조사「と」를 붙여

「鳴くと」「降ると」라고 하면 조건을 나타내게 됩니다. (교본 (30)의 (ろ)와 (주의) 참조) 하지만, 여기서는 「ば」를 사용할 경우의 동사의 형태를 다루고 있습니다. 「ば」를 붙이면 「鳴く, 降る」의 끝이 エ단음이 되어 「鳴けば」「降れば」가 됩니다.

(36)【19】활용·활용형

위의 (15)~(18)에서 서술한 바와 같이 동사 「鳴く」「降る」는 사용법에 따라,

鳴か 鳴き 鳴く 鳴け
降ら 降り 降る 降れ

처럼 형태가 바뀝니다. 이와 같이 동사의 형태가 변하는 것을 「활용」이라고 하며 개개의 형태를 「활용형(活用形)」이라고 합니다.

종래 활용형에는 그 용법에 따라 「미연형(未然形), 연용형(連用形), 종지형(終止形), 연체형(連體形), 가정형(仮定形), 명령형(命令形)」 등의 명칭을 붙였으나, 교본에서는 이에 따르지 않고 형식적으로 「ない」가 붙는 것은 제1형, 「ます」가 붙는 경우는 제2형이란 식으로 제1형부터 제4형까지를 설정하고 4단 활용의 소위 음편형(音便形)을 제5형(교본 (29)참조)이라고 정하였습니다. 이러한 방식은 활용형의 명칭으로 인해 혼선을 주기 보다는 알기 쉬울 것이라 생각했기 때문입니다.

(37) [(주의)]

제3형은 동사를 대표하는 형태입니다. 따라서 일반적으로 동사를 거론할 때 제3형을 사용하여 「鳴く」라는 동사, 「降る」라는 동사라는 식으로 말합니다.

(38) [(주의2)]

교본 19페이지의 표에는 동사의 활용과 직접적인 관련은 없으나 ハ행음을 기술해두었습니다.

(39) 【20】 4단 활용(四段活用)

활용의 종류를 형식을 중심으로 설명하자면 「ない」가 붙으면 어말(語末)이 ア단음이 되는 것을 4단 활용이라고 함을 앞서 설명하였습니다.

4단 활용의 경우, 교본 20페이지의 「鳴く」 「降る」의 어말이 「か, き, く, け」 「ら, り, る, れ」처럼 음도(音圖)의 ア, イ, ウ, エ의 4단에 걸쳐 활용하므로 그런 명칭을 붙였으나 제1형만 알면 제2형 아래로는 쉽게 추측이 가능합니다. 예를 들어 「讀む」에 「ない」를 붙이면 「讀まない」가 되는 것만 알고 있다면 교본 19페이지의 음도표(音圖表) 중 「マ행」의 가나를 통해 제2형 「讀み」, 제3형 「讀む」, 제4형 「讀め」임을 바로 알 수 있습니다. 이처럼 동사의 활용을 알기 위해 음도표를 충분히 숙지해둘 필요가 있습니다.

단, 「讀む」에 「ない」가 붙으면 「讀まない」가 되지만 「讀みない」

「讀むない」로는 되지 않음을 미리 숙지하고 있어야 합니다.

(40) [(주의)]

교본에서 서술한 것을 역으로 말하자면 다음과 같습니다.

4단 활용의 동사를 예로 들면,

歌わない　歌います　歌う　歌えば

와 같이 어말이 ワ, イ, ウ, エ의 음이 되는 것은 표기할 때는 각각 「は, ひ, ふ, へ」가 됩니다.

(41) 【4단 활용의 동사】

4단 활용의 동사는 カ·サ·タ·ナ·ハ·マ·ラ 및 ガ·バ의 각 행으로 활용합니다. 따라서 「鳴く」와 같이 어말이 カ행으로 바뀌는 것을 「カ행 4단 활용」이라고 하는데 이하 이를 줄여서 「カ4단」이라고 하겠습니다. サ행 이하의 4단 활용도 동일합니다.

(42) 【「なさる, くださる, いらっしゃる, おっしゃる」의 활용】

이들 단어는 다음의 괄호 안에 기술한 의미 외에 타인을 존경한다는 의미를 나타냅니다.

なさる(スル)　下さる(與える, くれる)
いらっしゃる(居る, 來る, 行く)　おっしゃる(言う)

제1형	제2형	제3형	제4형	제5형
なさ<u>ら</u>	なさ<u>り</u>	なさ<u>る</u>	なさ<u>れ</u>	なさ<u>っ</u>
	なさ<u>い</u>			
乗<u>ら</u>	乗<u>り</u>	乗<u>る</u>	乗<u>れ</u>	乗<u>っ</u>

이들 활용은 「降る, 乗る, 捕る」 등의 「ラ단」과 유사하나 다른 점도 있습니다. 아래에 「なさる」와 「乗る」를 비교해두었습니다.

조동사 「ます」는 제2형에 붙는 어이지만 「乗る」에 붙으면 「乗<u>り</u>ます」라고 하며 지금도 일부에서는 통용되고 있으나, 일반적으로는 「なさ<u>い</u>ます」라고 합니다. 다른 「下さる, いらっしゃる, おっしゃる」의 경우도 동일하게 「ます」 앞이 「い」가 됩니다.

또한 「乗る, 取る」 등을 명령의 의미로 사용하면 「乗れ, 取れ」처럼 어미가 「れ」가 되지만, 위의 네 단어는 「い」가 되어 「なさい, いらっしゃい, おっしゃい」가 됩니다.

위의 네 단어의 용법에는 「乗る, 取る」 등과 몇 가지 다른 점이 있으나 일단은 동일하게 「ラ단」으로 취급하며 필요한 경우 그 때마다 추가 설명하도록 하겠습니다.

(43) 【21】 1단 활용

1단 활용의 경우 「ない」를 붙이면 「起きない」 「食べない」처럼 어말이 イ단음·エ단음이 됩니다. 제2형은 제1형과 동일하며 제3형은 그것에 「る」가 붙은 것, 제4형은 「れ」가 붙은 것입니다. 1단 활용이란 명칭을 붙인 것은 「る」 「れ」를 제외하면 어말이 모두 イ단이나 エ단의 음이 되기 때문입니다. 즉 이는 4단 활용과 달리 어말이 음도표대로 변화하지 않고 イ단음·エ단음이 기본이 되어 그것에 「る」「れ」가 첨가된 형태인 것입니다. 따라서 1단 활용의 모든 제3형은 「る」로 끝나고 제4형은 「れ」로 끝납니다.

(44) 【22】 상1단 활용·하1단 활용

1단 활용 동사 「過ぎる」에 「ない」가 붙으면 「過ぎない」가 됩니다. 이처럼 1단 활용 중에 「ない」가 붙으면 어말이 イ단음이 되는 것을 「상1단 활용」이라 합니다. 상1단이라 함은 イ단음이 음도표의 중앙단(中央段) 바로 위의 단(段)이기 때문입니다. 상1단 활용의 동사는 음도표의 ア·カ·タ·ナ·ハ·マ·ラ·ウ와 ガ·ザ·ダ·バ의 각 행(行)에 있습니다. 이 중 「過ぎる」가 「過ぎない」가 되는 것처럼 제1형이 ガ행음인 것을 「ガ행 상1단 활용」이라고 하며, 이하 이를 줄여서 「ガ상1」이라고 하였습니다. 다른 것도 이에 준합니다.

(45) 【「ア상1」의 동사】

예를 들어 「ア상1」의 동사 「悔いる」는,

悔い　悔い　悔いる　悔いれ

처럼 활용합니다. 「い」는 보통은 ヤ행의 「い」로 간주되는 바 「悔いる」는 ヤ행 상1단 활용이라고 설명하였습니다. 이는 문어에서는 「悔いる」가

悔い 悔ゆ 悔ゆる 悔ゆれ

처럼 활용하여 어말이 「ゆ」가 되기도 하므로 구어 「悔いる」의 「い」도 ヤ행의 「い」라고 생각할 수 있기 때문입니다.

하지만 교본에서는 현재의 발음을 토대로 「悔いる」의 「い」를 ア행의 「い」로 인정하는 한편, 「悔いる」를 「ア상1」이라고 하였습니다. 따라서 ヤ행에는 상1단 활용은 존재하지 않습니다.

또한 「ア상1」의 동사 중 일반적으로 널리 사용되는 것은 다음의 다섯 단어입니다.

悔いる 報いる 老いる 射る 鑄る

(46) 【「用ひる」と「用ゐる」】

(제1형)	(제2형)	(제3형)	(제4형)
用ひ	用ひ	用ひる	用ひれ(ハ상1)
用ゐ	用ゐ	用ゐる	用ゐれ(ワ상1)

「用」의 자를 전용하여 통용되는 동사는 「ハ상1」로도 「ワ상1」로도 활용시킬 수 있으므로 「用ひる」, 「用ゐる」 둘 다 가능합니다.

한편 「ワ상1」의 동사는 위의 「用ゐる」 외에 「居る」 「率ゐる」밖에 없습니다.

(47) 【「하1단 활용」】

1단 활용의 동사 「受ける」에 「ない」 가 붙으면 「受けない」가 됩니다. 이와 같이 1단 활용 중에서 「ない」가 붙으면 어말이 エ단음이 되는 것을 「하1단 활용」이라고 합니다. 하1단이라는 것은 エ단음이 음도표의 중앙단보다 아래에 있는 단이기 때문입니다.

하1단 활용의 동사는 음도표의 ア·カ·タ·ナ·ハ·マ·ラ·ウ와 ガ·ザ·ダ·バ의 각 행에 있습니다. 이 중 「受ける」가 「受けない」가 되는 것처럼 제1형이 カ행음으로 끝나는 것을 「カ행 하1단 활용」이라고 하며, 이하 이를 줄여서 「カ하1」로 하겠습니다. 다른 것도 이에 준합니다.

(48) 【「ア하1」의 동사】

「ア하1」의 동사 중 예를 들어 「消える」는,

消え　消え　消える　消えれ

처럼 활용합니다. 「え」는 ヤ행의 「え」로 간주하여 「消える」를 ヤ행 하1단 활용이라 하였습니다. 이는 문어의 경우 「消える」가,

消え　消ゆ　消ゆる　消ゆれ

와 같이 활용하여 어말이 「ゆ」가 되기도 하므로 구어 「消える」의 「え」 역시 ヤ행의 「え」로 간주되기 때문입니다.

하지만 교본에서는 현재의 발음을 바탕으로 「消える」의 「え」를 ア행의 「え」로 인정하여 「消える」를 「ア하1」로 규정하였습니다. 따라서 ヤ행에는 하1단 활용의 동사는 존재하지 않습니다.

(49) 【「ワ하1」의 동사】

(제1형)	(제2형)	(제3형)	(제4형)
見え	見え	見える	見えれ
答へ	答へ	答へる	答へれ
植ゑ	植ゑ	植ゑる	植ゑれ

「ア하1」「ハ하1」「ワ하1」의 동사를 표기할 때는 가나표기법(仮名遣い)에 주의해야합니다.

「ア하1」「ハ하1」의 동사는 수가 많으나, 「ワ하1」의 동사는 「植ゑる」 외에는 「飢ゑる」 「据ゑる」 정도밖에 없습니다.

(50) 【제1·2형의 1음절인 동사】

「ア상1」인 동사 「見る」와 「ダ하1」인 동사 「出る」는 다음과 같이 활용합니다.

み　み　みる　みれ　(マ상1)
で　で　でる　でれ　(ダ하1)

즉 제1형·제2형은 모두 1음절입니다. 이 때 다수의 동사의 활용을 살펴보면 확실히 두 유형으로 나뉨을 알 수 있습니다. 예를 들어 「カ4」인 「鳴く」, 「カ하1」인 「受ける」는,

なか　なき　なく　なけ　(カ4)
うけ　うけ　うける　うけれ　(カ하1)

이 됩니다. 다시 말해 각각의 형태를 통해 「な」「う」와 같이 변하지 않는 부분과, 그 아래처럼 변화하는 부분을 나눌 수 있다는 것입니다. 이때 「な」「う」와 같이 변하지 않는 부분을 「어간(語幹)」이라고 하며, 「か, き, く, け」「け, ける, けれ」처럼 변화하는 부분을 「어미(語尾)」라 합니다. 하지만 위에서 든 「見る」「出る」처럼 제1·2형에 속하는 1음절의 동사는 가나로 쓸 때는 어간·어근을 따로 구별하지는 않습니다.

상기의 예처럼 제1·2형의 1음절인 동사는 그다지 많지는 않습니다. 일반적으로 사용하는 것은 다음과 같습니다.

射る	鑄る	(ア상1)
着る		(カ상1)
煮る	似る	(ナ상1)
干る		(ハ상1)
見る		(マ상1)
居る		(ワ상1)
得る		(ア하1)
寢る		(ナ하1)
經る		(ハ하1)
出る		(ダ하1)

(51) 【「ハ상1」「ハ하1」의 동사】

「ハ상1」「ハ하1」의 동사, 예를 들어 「用ひる」「教へる」는 다음과 같이 활용합니다.

もちひ　　もちひ　　もちひる　　もちひれ
をしへ　　をしへ　　をしへる　　をしへれ

「ひ, ひる, ひれ」「へ, へる, へれ」는 각각 「イ, イル, イレ」「エ, エル, エレ」와 같이 발음합니다. 즉 발음상으로는 「ハ하1」은 「ア상1」, 「ハ하1」은 「ア하1」과 동일합니다. 단 제1·2형의 1음절인 「干る」(ハ상1), 「經る」(ハ하1)만은 다음과 같이 「ひ」「へ」를 ハ행음으로 발음합니다.

ひ〔ヒ〕　　ひ〔ヒ〕　　ひる〔ヒル〕　　ひれ〔ヒレ〕
へ〔ヘ〕　　へ〔ヘ〕　　へる〔ヘル〕　　へれ〔ヘレ〕

ハ행으로 활용하는 동사 중 ハ행음으로 발음하는 것은 위의 두 단어뿐입니다.

(52) 【가능의 의미를 나타내는 동사】

4단 활용 동사의 어간에 하1단 활용의 어미(語尾)를 붙이는 것이 가능합니다. 예를 들어 「マ4」의 「讀む」에 「マ하1」의 어미를 붙이면 다음과 같이 됩니다. (「マ4」의 「讀む」의 활용형과 비교하여 제시합니다.)

讀め　　讀め　　讀める　　讀めれ (マ하1)
讀ま　　讀み　　讀む　　讀め　(マ4)

위와 같은 하1단 활용의 각 활용형은 4단 활용의 각 활용형에 「그렇게 할 수 있다」의 의미를 더한 것이 됩니다. 위의 예로 말하자면 제3형 「讀める」는 「읽을 수 있다」라는 의미가, 제1형에 「ない」가 붙은 「讀めない」는 「읽을 수 없다」라는 의미가 됩니다.

이상과 같이 4단 활용의 동사 대부분은 같은 행의 하1단 활용을 하여 「가능하다」는 의미가 더해진 동사로 만들 수 있습니다.

다음으로 각 행에 관한 몇 가지 예를 들도록 하겠습니다. (×표시는 타동사, 자동사 모두 사용할 수 있는 단어입니다.)

	(4단)	(하1단)		(4단)	(하1단)
カ行	書く	書ける	サ行	増す	増せる
	行く	行ける		貸す	貸せる
	歩く	歩ける		刺す	刺せる
	開く	開ける		足す	足せる
タ行	立つ	立てる ×(他)	マ行	飲む	飲める
	勝つ	勝てる		編む	編める
	待つ	待てる		噛む	噛める
ナ行	死ぬ	死ねる	ラ行	乗る	乗れる
				切る	切れる x(自)
ハ行	歌う	歌える		刈る	刈れる
	言ふ	言へる		賣る	賣れる ×(自)
	買ふ	買へる		取る	取れる ×(自)
ガ行	泳ぐ	泳げる	バ行	飛ぶ	飛べる
	継ぐ	継げる		遊ぶ	遊べる
	剥ぐ	剥げる x(自)		呼ぶ	呼べる

(53) 【23】 변격활용(變格活用)

カ행 변격활용의 동사는 「來る」 하나이며 サ행 변격활용 역시 「為る」 하나이므로 이들 활용은

こ　き　くる　くれ (カ변)

し　し　する　すれ (サ변)

이라고 암기해둘 필요가 있습니다.

「カ변」은 제3형·제4형에 「る」「れ」가 있다는 점이 1단 활용과 유사하나 제1형, 제2형과는 그 형태가 다릅니다. 또한 제3형·제4형은 제1형·제2형과는 달리 「く」에 「る」「れ」가 붙어 있습니다. 이러한 점이 1단 활용과는 다른 것입니다. 특히 주의해야할 점은 「カ변」의 제1형은 オ단음의 「こ」라는 것입니다. オ단음이 활용형이 되는 것은 이 경우가 유일합니다.

「サ변」도 제3형·제4형에 「る」「れ」가 붙는다는 점이 1단 활용과 비슷하나, 제1형·제2형이 「し」인데 반해 제3형·제4형이 「しる」「しれ」가 아닌 「する」「すれ」라는 점이 1단 활용과는 상이합니다.

(54) 【「サ변」의 복합동사】

「サ변」의 동사는 본래 「する」 한 단어이지만, 이 「する」가 다른 단어에 후접(後接)하여 상당수의 サ변동사를 만듭니다.

(1) 噂(うはさ)する 早起(はやおき)する 缺伸(あくび)する 書物(かきもの)する 居眠(いねむり)する お話する
旅行する 成功する 活動する 攻擊する 出席する 心配する
(2) 譯する 愛する 賀する 議する
表する 約する
(3) 感ずる 信ずる 禁ずる 損ずる 煎ずる 談ずる
命ずる 講ずる 生ずる 封ずる 焙ずる

위의 (3)과 같이 복합형태가 되었을 때 ザ행음으로 변하는 것이 있어 이를 「サ행 변격활용」이라고 합니다.

한편 「重んずる」「輕んズル」「安んずる」이나 「先んずる」「諳んずる」 등도 위의 (3)처럼 サ변으로 활용되어 「ザ상1」로 사용됩니다.

(55) 【주의】

상기 (2)의 「譯する, 愛する」 등은 「譯す, 愛す」처럼 「サ단」으로도 활용시킬 수 있고, (3)의 「感ずる, 命ずる」 등은 「感じる, 命じる」처럼 「ザ상1」로도 사용합니다.

(56) 【2단】 활용의 종류

동사 활용의 종류는 넓게는 4단 활용·1단 활용·변격활용의 세 종류로, 좁게는 4단 활용·상1단 활용·하1단 활용·カ행 변격활용의 다섯 종류로 나눌 수 있습니다.

여기서 어떤 동사의 활용에 대해 고찰함에 있어 예를 들어 「飛ぶ」「植ゑる」의 경우 우선 변격활용이 아니라는 점을 확인합니다. 변격활용은 이미 암기해두었을 터이니 이는 쉽게 알 수 있을 것입니다. 다음으로 부정의 의미인 「ない」를 붙여 보면,

飛ばない　植ゑない

가 됩니다. 「飛ばない」의 경우 「ない」가 ア단음의 「ば」에 붙으므로 「飛ぶ」는 4단 활용이고 「ば」는 バ행음이므로 「飛ぶ」는 「バ4」입니다. 한편 「植ゑない」의 경우는 「ない」가 エ단음의 「ゑ」에 붙으므로 「植ゑる」는 하1단 활용이고 「ゑ」는 ワ행의 가나이므로 「植ゑる」는 「ワ하1」

이라고 규정합니다. (상1단 활용의 경우는 「起きない」처럼 「ない」가 イ단음이 됩니다.)

단, 「植ゑる, 植ゑない」의 エ음이 「ゑ, え, へ」 중 어떤 것인지를 알지 못하면 「植ゑる」가 「ワ하1」 「ア하1」 「ハ하1」중 어디에 해당하는지 역시 결정할 수 없습니다.

(57) 【25】 자동사와 타동사

교본에서 서술한 바와 같이 타동사의 대상(對象)을 나타내기 위해서는 「新聞を讀む」처럼 조사 「を」를 사용하는 것이 일반적이지만 「を」 대신에 「は」 「も」 등을 사용하는 경우도 있습니다.

弟は雑誌は讀むが、新聞は讀まない。
中村さんは帽子も買ひました。
お茶でも飲もうか。
忙しくて、御飯さへゆっくり食べてゐられませんでした。
私は雑誌など持ってゐません。

(58) 【자동사(自動詞)와 「を」】

타동사(他動詞)가 「を」가 붙은 어를 요구하는 것은 위에서 기술(旣述)한 바이나, 자동사를 「を」가 붙은 어와 함께 사용하는 경우가 있습니다.

山道を通る　階段をのぼる(くだる)
箸を渡る　　川を超える

部屋を出る　岸を離れる
空を飛ぶ　廊下を走る
庭を歩く　公園を散歩する
右を向く　市内をまはる

제2절 각 활용형의 주된 용법

(59) 【본 절의 목적】

앞서 【15】~【19】에서 동사의 제1형부터 제4형까지의 각각의 용법에 대해 설명하였으며, 【20】~【23】에서는 동일한 내용을 각종 동사에 적용하여 설명하였습니다. 동사의 활용형에는 그 외의 용법을 갖는 것이 있으므로 본 절에서는 그 중 대표적인 것을 들어 설명하도록 하겠습니다.

활용하는 어는 동사 외에 형용사·조동사가 있으나 동사의 각 활용형의 용법을 정확하게 습득하고 있다면 형용사·조동사의 경우는 그것과 비교대조하여 그 이동(異同)를 밝히는 것이 가능하므로 각각의 특질이 자연스럽게 이해될 수 있을 겁니다. 이러한 점에 충분히 유의하여주시기를 바랍니다.

(60) 【27】 제1형

교본의 【19】에도 기술한 바와 같이, 동사의 활용형 중 「ない」가 붙는 형태를 제1형으로 한다고 정하였으므로 제1형에는 「ない」가 붙어

부정이 됨은 따로 언급할 필요도 없습니다.

그 외에도 제1형은 조동사「う」「よう」가 붙어 화자(話者)의 의지(意思)를 나타냅니다. 교본에는 각종 활용의 동사의 예를 들어두었으나 여기서는 주의해야할 사항을 중심으로 설명하겠습니다.

⑴교본의 예는 모두 미래에 관한 것입니다. 따라서「う」「よう」는 단순한 미래가 아닌 화자의 의지를 나타낸다고 봐야 할 것입니다. 다시 말해 화자가 지금부터 신문을 읽고 내일부터 일찍 일어난다는 의미를 나타낸 것이 첫 번째, 두 번째 예인「讀まう」「起きよう」입니다. 또한 위의 용법은「う」「よう」가 화자의 동작을 나타내는 동사에 붙는다는 점에도 주의해야합니다.

⑵「讀まう」「起きよう」등을 제3자에 사용하는 경우가 있습니다.

中村さんはいくら忙しくても、新聞ぐらゐは讀まう。
武田も明日は早く起きよう。

위와 같이 사용하면「う」「よう」는 화자가 제3자의 동작을 추량(推量)한다는 의미를 나타냅니다. 이 용법은 구어문(口語文)에는 없으나, 담화(談話)에서는 위와 같은 경우「だらう」「でせう」를 사용하는 것이 일반적입니다.(교본【30】참조)

(61) (주의1)

구어문에서는 부정(否定)을 나타내기 위해 동사의 제1형에「ぬ」를 붙일 수 있습니다. 이 「ぬ」에 대해서는 교본【59】의 (주의2)에서도 기술하고 있으나, 특히 주의할 점은 「ぬ」를 사용하여 サ변동사인 「する」를 부정하기 위해서는 「しぬ」라고 하지 않고 「せぬ」라고 한다는 점입니다.

또한 「ぬ」를 「ん」으로 발음(撥音)하여 담화에 사용하는 경우도 있습니다.

(62) (주의2)

모든 동사는 조동사 「ない」 「ぬ」를 붙여 부정(否定)을 만드는 것이 가능하나 유독 동사 「ある」만은 「ない」도 「ぬ」도 붙이지 않습니다. 따라서 「ある」의 부정을 나타내기 위해서는 형용사 「ない」를 사용합니다. 이에 관한 용법은 교본에 따로 제시해두었습니다. 또한 「ない」를 정중하게 말할 때는 「ありません」 「ございません」을 사용하며, 과거를 나타내는 「なかった」를 정중하게 말할 때는 「ありませんでした」 「ございませんでした」를 사용합니다.

> 机の上には 何も ありません。(ございません)。〔ない〕
> 昨年までは あそこに 橋が ありませんでした。(ございませんでした)。〔なかった〕

(63)【제1형 그 외의 용법】

제1형은 교본에서 제시한 용법 외에도 조동사 「れる, られる」 「せる, させる」를 붙이는 데 사용합니다. 따라서 「れる, られる」는 4단

활용의 제1형에, 「せる, させる」는 4단 활용 이외의 제1형에 붙습니다. (교본 【61】【62】 참조)

人を笑へば人に笑はれる。
弟に片仮名を書かせる。
太郎はときどき先生にほめられる。
六時には子供たちに夕食を食べさせる。

한편 4단 활용 이외의 동사에는 조동사 「まい」가 붙습니다.

私はもう映畫は見まい。
この雨は午後もはれまい。

(64) 【28】 제2형

동사에 「ます」가 붙는 형태를 제2형이라고 정하였으므로(【19】 참조), 제2형에 「ます」가 붙음은 두 말할 필요가 없습니다. 제2형에는 이 외에도 여러 용법이 있으나 교본에는 그 중 주요한 두 가지에 대해 기술해두었습니다.

(い) 제2형은 동사에 과거의 의미를 더하기 위해 조동사 「た」를 붙여 사용합니다. 이에 관한 예는 교본에도 있으나, 이 때 「た」는 완료를 나타내는 경우도 있습니다.(교본 【64】 참조).

(ろ) 제2형은 조사 「て」를 붙여 사용합니다. 예를 들어 「サ변」의 동사 「貸す」에 「て」를 붙이기 위해서는 「貸す」의 제2형 「貸し」를 사용하여 「貸して」라고 해야 합니다. 따라서 교본의 첫 번째 예로 말하

자면「あの本は中村君に貸す」 또는「貸した」라고 하면 문장은 거기에서 끝나지만,「貸して」라고 하면 끊이지 않고 계속 이어지게 됩니다. 또한 이「て」에 관해서는 교본【76】에서 설명해두었습니다.

(65)【제2형의 그 외 용법】

제2형에는 교본에서 설명한 것 외에 다음과 같은 용법이 있습니다.

(1) 조동사「たい」(교본【63】참조), 조사「ても」(교본【76】참조),「たり」(교본【75】참조),「ながら」를 붙일 때 사용합니다.

子どもたちも休みたいでせう。
太郎は疲れても、疲れたとは言えないでせう。
昨日は映畫を見たり音楽を聞いたりしました。
ラジオを聞きながら食事をしました。

더불어 위의「ても」「たり」는「サ4」이외의 4단 활용에는 제5형에 붙어「でも「だり」가 됩니다.

雨が降り、風も吹いた。
父も喜び、母も喜んだ。
空が晴れ、月が出た。

위와 같이 사용하는 것은 주로 구어문인 경우로 담화에서는 보통【28】의 (ろ)와 같이「て」를 붙인 형태가 사용됩니다.

(66) 【29】 제5형

제5형은 4단 활용의 동사(「サ4」의 동사를 제외)에만 있는 활용형으로 이를 「음편형(音便形(おんびんけい))」이라고 규정한 학자도 있습니다. 그 중 (い)처럼 어미인 「い」가 되는 것을 「イ음편형」, (ろ)와 같이 「ん」이 되는 것을 「발음편형(撥(はつ)音便形)」, (は)처럼 촉음(促音)이 되는 것을 「촉음편형(促(そく)音便形)」이라고 합니다.

(い)의 イ음편형은 カ행·ガ행의 동사에 있으며 여기에 붙는 「た」「て」는 모두 「だ」「で」가 됩니다.

(ろ)의 발음편형은 ナ행·マ행·バ행의 동사에 있으며 여기에 붙는 「た」「て」는 모두 「だ」「で」가 됩니다.

(は)의 촉음편형은 タ행·ハ행·ラ행의 동사에 있습니다.

(67) (주의1) 「行く」의 촉음편형

「行(い)く」는 「カ4」의 동사이며 이것에 「た, て」가 붙으면 「行(い)った(て)」가 됩니다.

(68) (주의2) 「サ4」의 동사

4단 활용의 동사 중 「貸す, 話す, 出す, 返す, 落す」 등과 같이 サ행으로 활용하는 것에 한해 음편형은 없으며 「た, て」는 다른 종류의 활용의 동사와 마찬가지로 제2형에 붙어 「貸した(て), 話した(て)」처럼 됩니다.

(69) (주의3) ウ음편형

구어문 등에서는 「ハ4」의 동사에 「た, て」를 붙였을 때 어미를 「う」로 하는 경우가 있습니다. 이를 「ウ음편형」이라고 합니다.

笑うた(て)　　追うた(て)　　沿うた(て)

(70) 【30】 제3형

문의 말미(末尾)에 사용하는 동사의 형태를 제3형이라고 하였으나(【19】 참조), 그 용법에 관해서는 여기서 다시금 언급하지는 않겠습니다. 한편 제3형은 다음과 같이 사용합니다.

(い) 명사 앞에서 그것을 수식합니다. 예는 교본에 있으므로 생략하겠으나, 아래와 같이 제3형이 사람대명사 앞에서 이를 수식하기도 합니다.

演説するあなたが缺席しては困る。
話す私も疲れてしまった。

(ろ) 「だらう」 「でせう」나 조사 「と」 「か」 「から」 등을 붙일 때 사용합니다.

(71) (주의)

위 (ろ)의 「だらう」 「でせう」는 조동사 「だ」 「です」에 「う」가 붙어 각각 한 단어처럼 된 것으로 다른 것을 추량할 때 사용합니다. (교본

【16】의 (2) 참조)

또한 조사 「と」에 대해서는 【75】의 (ほ)(へ), 「が」에 대해서는 【70】의 (は), 「から」에 대해서는 【71】의 (ろ)를 참조하시면 됩니다.

(72) 【제3형의 그 외 용법】

교본에서는 생략하였으나 제3형은 이 외에도 조동사 「さうだ, さうです, やうだ, やうです, らしい」, 조사 「けれど, けれども, のに, ので, し」 등을 붙일 때 사용합니다.

汽船の着くのは、三時間ばかり後れるさうだ。(さうです)
庭に誰かゐるやうだ。(やうです)
雨は午後にははれるらしい。
雨はときどき降るけれど〔けれども〕、すぐやむ。
弟は、雨が降るのに、出かけて行った。
私は頭痛がするので、休んでゐたのです。
あの街には圖書館もあるし、博物館もある。

또한 4단 활용의 제3형에는 조동사 「まい」가 붙습니다.

私も煙草は吸ふまい。
あそこには旅館があるまい。

(73) 【술어가 되는 것】

동사가 술어가 사용된 예는, 교본 1페이지의 「咲く, 鳴く, 讀む」를 비롯하여 지금까지 수차례 언급하였으나, 술어가 되는 것은 동사에

한정되지 않습니다. 따라서 여기에서는 어떤 단어가 술어가 되는지를 대략적으로 제시하겠습니다.

(甲) 동사·형용사나 그에 준하는 것에 조동사가 붙은 것. 거기에 조사가 붙는 경우가 있습니다.

あ、飛行機が 飛ぶ。(동사)
飛行機が飛び、ます。(동사, 조동사)
北風はつめたい。(형용사)
海が穩かっ、た。(형용사, 조동사)
運動場に誰か居、た、か。(동사, 조동사, 조사)
あの花はきれいです、ね。(형용사, 조사)

(乙) 각종 단어에 동사·형용사가 붙은 것. 또한 그 동사·형용사에 조동사·조사가 붙은 경우가 있습니다.

門があいてゐる。(동사)
窓がしめてあり、ます。(동사, 조동사)
今日はあまり暑くはない。(형용사)
この靴は丈夫でなかっ、た。(형용사, 조동사)
火が消えてしまひ、まし、た、ね。(동사, 조동사, 조동사, 조사)
あなたも休んで下さい。(동사)
私もその本を讀んでみ、ませ、う、か。(동사, 조동사, 조동사, 조사)
水は化合物である。(동사)
級長は私でもあり、ませ、ん。(동사, 조동사, 조동사)
私のいふのはそれではない。(형용사)

위의 예의 ○표시는 다른 단어에 붙는 동사·형용사·조동사·조사를 나타냅니다.

(丙) 조동사·조사가 붙는 명사·대명사

あれは學校だ。(조동사)
級長はあなたです、か。(조동사, 조사)
運動場にゐるのは中村君らしい。(조동사)
これは日本地圖さ。(조사)
君の書いた繪はこれか。(조사)

위와 같이 명사·대명사에 조동사·조사가 붙은 것이 술어가 되는 경우가 있습니다. 또한 아래의 「太郎, 私」와 같이 명사·대명사만으로도 술어가 되기도 합니다.

兄の名は太郎、弟の名は次郎です。
あの時に叱られたのも私、ほめられたのも私でした。

(74) 【31】 제4형

제4형에는 「ば」 이 외의 어에는 붙지 않습니다. 「ば」가 붙으면, 교본에 기술한 바와 같이, 가정(仮定)해서 그것을 조건으로 한다는 의미가 되나 아래의 예와 같이 병렬적(竝列的)으로 사용할 때가 있습니다. (교본 【85】의 (ろ) 참조).

中村はタイ語も話せば、タガログ語も話します。

あそこには、茶店もあれば、旅館もある。

(75) 【32】 명령 말하는 법

동사로 명령의 의미를 나타내기 위해서는 교본에 기술한 바와 같이 4단 활용은 제4형을 그대로 사용하고 그 외의 활용은 제1형에 「ろ」 혹은 「い」를 붙입니다.

구어문에서는 4단 활용 이외의 동사는 제1형에 「よ」를 붙여 「起きよ(상1단), あけよ(하1단), こよ(カ변), せよ(サ변)」처럼 만듭니다. (즉 サ변은 「しよ」가 아닌 「せよ」가 됩니다.)

단 위와 같은 명령의 형태는 담화에서는 그다지 사용하지 않습니다. 담화에서는 교본에 있는 것처럼 「お讀みなさい」 「お起きなさい」처럼 동사의 제2형에 「お…なさい」를 붙인 것을 사용하고 보다 정중하게는,

もっとゆっくりお讀み下さい。
明朝からもっと早くお起きなさい。

처럼 제2형에 「お…下さい」를 붙인 것을 사용합니다. 이 경우 カ변, サ변인 동사는 「おき下さい」 「おし下さい」라고는 하지 않고 다음과 같이 말합니다.

お出で下さい, いらっしゃって下さい, 來て下さい。(來い)
なさって下さい, して下さい。(しろ)

제6장

형용사(形容詞)

(76) 【본장의 목적】

본장에서는 형용사 전반에 걸쳐 그 문법적 성질에 대해 이해시키는 것을 목적으로 합니다. 형용사에는 여러 용법이 있으나 동사 등과 함께 서술부를 담당하여 문을 구성하는 근간이 되므로 사전에 이 점에 대해 유의해서 지도하시기 바랍니다.

제1절 제1종 형용사(第1種 形容詞)

(77) 【본 절의 목적】

본 절에서는 우선 형용사란 어떤 어인가에 대해 살펴보고, 다음으로 형용사에도 활용이 있어 두 종류로 나뉜다는 것, 그리고 제1종 활용의 방법과 각 활용형의 주된 용법에 대해 가르치도록 하였습니다.

후술(後述)할 조동사 중에는 활용의 방법이 형용사와 동일한 것이 있습니다. 본 절에서 형용사에 대해 충분한 학습이 이루어진다면 그 외의 조동사 역시 용이하게 이해할 수 있을 터이니 형용사에 관한 지식도 가능한 한 정확하게 이해할 수 있도록 해주시기 바랍니다.

한편 형용사의 활용 방법에 관해서는 교본의 기술이 종래의 문헌과 상이한 점도 있으나 그에 대해서는 별도의 기회에 다시 설명하도록 하겠습니다.

(78) 【33】 형용사

동사는 사물(事物)의 동작(動作)·작용(作用)을 서술하는데 비해, 형용사는 특질(特質)·양상(樣子)을 서술하는 어라고 설명하였습니다. 그러나 개별 단어의 경우 이 설명만으로는 동사와 형용사를 판별하기 어렵습니다. 실제로 활용의 방식을 고려하였을 때 이러한 방식을 따르는 것이 아니라면 이 둘을 정확히 판별하는 것은 불가능합니다. 하지만 처음부터 세부적으로 활용을 가르치는 것은 도리어 학습자를 혼란스럽게 할 우려가 있으므로 학습초기에는 의미적인 면부터 대강의 개념을 잡을 수 있도록 위와 같이 설명하였습니다. 단 활용에 관한 정확한 지식이 없다고 하더라도 동사와 구별되는 결정적인 요소를 안다면 학습에 유리한 상황이 될 수 있으므로 동사는 모두 ウ단음으로 끝나는데(교본 14페이지 참조) 비해 형용사는 「い」「た」로 끝난다는 것을 명확하게 밝혀두었습니다.

다음으로 형용사의 설명에 「사물의 성질·양상을 서술하는 어」처럼 「서술하다(述べる)」라는 단어를 사용하였으며 특히 ○표시를 붙여 주의하도록 하였습니다. 이러한 설명방식은 동사의 설명 때와 마찬가지로 형용사가 단순히 사물의 성질·양상을 나타낼 뿐만이 아니라 술어가

될 수 있다는 점을 나타내는데 도움이 됩니다. 일본어의 형용사는 다른 어의 도움을 받지 않더라도 단독으로 술어가 될 수 있습니다.

(79) 【34】 형용사의 종류

형용사에도 동사에서와 같은 활용이 있습니다. 따라서 활용으로 파생되는 개개의 형태를 「활용형」이라고 한다는 점도 동사와 동일합니다. 그러나 형용사의 활용 방식은 동사의 그것과는 다릅니다.

형용사를 활용 방식에 따라 두 종류로 나눌 수 있습니다. 이하 각각의 경우에 대해 설명하겠습니다.

(80) 【35】 제1종 활용

제1종 활용의 형용사에는 활용형이 다섯 가지가 있습니다. 이 용법에 관해서는 이하 【36】에서 설명하였으나, 여기서는 각 활용형을 간단하게 판별할 때 사용할 수 있는 각각의 해당 용법을 들었습니다.

제1형은 「寒からう。美しからう」의 「寒から, 美しから」처럼 추량의 의미의 조동사 「う」가 붙은 형태입니다. 이 경우 「からう」의 발음은 [カロオ]이나, 가나의 바른 사용법으로는 「からう」입니다.

제2형은 「寒くない。美しくない」의 「寒く, 美しく」처럼 부정(否定)의 의미를 갖는 「ない」가 붙은 형태입니다. (동사의 경우는 부정에 제1형을 사용합니다.)

제3형은 「山の上は寒い。花が美しい」처럼 문장의 말미에 사용하는 형태입니다.

제4형은 「寒ければ, 美しければ」의 「寒けれ, 美しけれ」처럼 조사 「ば」가 붙는 형태입니다.

제5형은 「寒かった。美しかった」의 「寒かっ, 美しかっ」처럼 「た」가 붙은 형태입니다.

(81) 【형용사와 형용동사】

종래의 문법서에서는 「寒く, 寒い, 寒けれ」와 같이 「く, い, けれ」로 활용하는 것을 형용사로, 한편 「寒から, 寒かつ」처럼 「から, かつ」로 활용하는 것은 형용동사로 명명하여 이 둘을 나누어 설명하였습니다. 이는 문어에 기반한 설명방식입니다. 교본에서는 구어의 실상(實狀)을 감안하여 이 둘을 합하여 하나의 형용사 활용으로 간주하였습니다.

한편 종래의 문법서에서 형용동사로 규정하고 있는 것은 위의 「から, かつ」로 활용하는 것과, 교본에서 제2종 활용이라고 지칭한 것을 모두 포함합니다.

(82) 【36】 제1형

제1형은 앞서 서술한 바와 같이 추량의 의미를 나타내는 조동사 「う」를 붙일 때 사용합니다.

(83) (주의1)

담화에서는「寒からう。美しからう」보다도 정중한 형태인「寒いでせう。美しいでせう」를 일반적으로 사용합니다. 이 경우「お」를 앞에 붙여「お寒いでせう。お美しいでせう」라고 하면 더욱 정중한 표현이 됩니다.

(84) (주의2)

형용사의 제1형은 문어에서는「寒からず。美しからず」 등과 같이 사용하지만, 구어에서는「う」가 붙는 용법만이 존재합니다.

(85)【37】제2형

제2형의 주된 용법으로 교본에는 두 종류를 제시해 두었습니다.
(い) 부정(打消)에 사용한다. 즉「寒くない」의「寒く」처럼「ない」를 밑에 붙여 부정의 의미를 나타낼 때 제2형을 사용합니다.

(86) (주의3)

동사의 경우에는 예를 들어「讀まない」「來ない」처럼 제1형에 조동사「ない」를 붙여 부정의 의미를 나타내지만, 제1형 형용사의 경우는 제2형에「ない」를 붙입니다. 이러한 형용사에 붙는「ない」 역시 제1종 형용사이며 동사「ある」의 부정(否定)의 의미를 나타냅니다. 따라서 의미상으로 부정·긍정의 차이는 있으나「ある」를 사용하는 곳에서는 「ない」도 사용할 수 있습니다.

本がある。　寒くはあるが…。　學校である。
本がない。　寒くはないが…。　學校ではない。

하지만 조동사 「ない」를 사용하는 곳에 동사 「ある」를 사용할 수는 없습니다. 예를 들어 「讀まない」, 「來ない」의 긍정에 「讀まある」, 「來ある」라고는 말할 수 없습니다.

(87) (주의4)

형용사와 「ない」 사이에 「は」가 들어갈 수는 없음은 교본에서도 설명하였으나, 「は」 외에도 「も」 「さへ」 「など」 등이 들어가는 경우가 있습니다.

あの山の植えは寒くも[さへ]ない。
あすこは涼しくなどないのです。

다음으로 「ない」의 과거를 나타내는 형태는 「なかった」이며, 「ありません」 「ございません」의 과거형은 각각 「ありませんでした」 「ございませんでした」입니다.

あの山の上は、寒く(は)なかった。
あの山の上は、寒く(は)ありませんでした。
あの山の上は、寒く(は)ございませんでした。

또한 「ございません」 「ございませんでした」는 위와 같이 제1종 형

용사의 제2형에 붙으나, 「ございません」이 붙으면 아래 예처럼 제2형의 어미 「く」가 「う」가 됩니다.

山の上は、お寒うございます。
この花は、大層お美しうございますね。
おはやうございます。
ありがたうございます。

이러한 경우 형용사 앞에 「お」가 붙는 것이 일반적이나, 마지막 예와 같이 「お」를 붙이지 못하는 경우도 있습니다.

(ろ) 동사의 수식어가 되다.

형용사의 제2형은 교본의 예 「寒くなる」 「美しく咲く」의 「寒く」 「美しく」처럼 동사를 수식할 때 사용합니다. 또한 교본에서도 제시하였으나, 형용사를 수식할 때 사용하는 경우도 있습니다.

ひどくねむい。　　珍しく大きい。　　すばらしく賑かだ。

즉 제2형은 후술할 부사와 동일하게 사용됩니다.

이상과 같이 사용되는 형용사를 부사로 보는 견해도 있으나, 교본에서는 이를 형용사의 하나의 용법이라 정의하며 부사로는 취급하지 않습니다. 또한 이에 대해서는 부사의 부에서 다시 서술하겠습니다. (본 지도서(126) 참조)

(88) 【제2형 그 외의 용법】

제2형은 상기의 용법 이외에도 다음과 같은 용법이 있습니다.

(い) 조사「て」「ても」를 붙일 때 사용합니다. (교본【76】【78】참조).

あまり暑くて、外へは出られません。
私は悲しくて、泣きたくなりました。
日中は暑くても、夕方は涼しいでせう。
私は苦しくても、がまんします。

(ろ) 일단 말하기를 중단하고 다음으로 이어질 때 사용합니다.

太郎の本は新しく、次郎の本は古い。
風が強く、雨もひどく降った。
あの花は大きく赤い。

위는 주로 구어문에서 사용하는 문장으로 담화에서는「て」를 붙여 다음과 같이 말하는 것이 일반적입니다.

太郎の本は新しくて、次郎の本は古い。
風が強くて、雨もひどく降った。
あの花は大きくて赤い。

(89) 【38】 제3형

교본에서는 제3형의 주된 세 가지 용법을 들고 있습니다.

(い) 문장의 끝맺음(終止)에 사용한다.

제1형 형용사의 문장을 끝맺음하는 형태는 교본【33】에서 다루었으며, 그것이 「い」로 끝나는 경우도 【33】에서 서술하였습니다.

(주의5) 제3형이 형용사를 대표하는 형태임은 동사의 경우와 동일합니다. 또한 후술할 조동사의 경우에도 제3형이 조동사를 대표합니다.

(ろ) 명사에 대한 수식어가 된다.

이는 「寒い冬」 「新しい帽子」의 「寒い」 「新しい」와 같은 용법으로 다음과 같이 대명사의 수식어가 되는 경우도 있습니다.

若いあなたがた　　　忙しい私

상기의 용법을 지나치게 중시한 나머지 형용사에는 사용법이 이것밖에 없다(a)거나, 위와 같이 명사의 수식어가 되는 것은 모두 형용사이다(b)라고 생각해서는 안 됩니다. (a)에 대해서는 【36】~【40】을 통해 바로 알 수 있고, (b)에 관해서는 본 지도서의 (91)에서 일괄적으로 설명하였습니다.

(は) 일정한 조동사·조사가 붙는다.

제1형 활용의 제3형에는 조동사 「だらう」 「でせう」, 조사 「と」 「が」 「から」 등이 붙습니다. 이들 조동사·조사는 동사의 제3형에도 붙으나, 그 의미 등에 관해서는 이미 교본의 【30】의 (주의), 본 지도서의 (71)에서 설명하였습니다.

(90)【제3형 그 외의 사용법】

제3형에는 교본에서 서술한 것 이외에도 조동사「さうだ, さうです」「やうだ, やうです」「らしい」, 조사「けれど[も], のに, ので, し」등이 붙습니다. 이들 어에 대해서는 본 지도서의 (72)(200)(201)(202) 및 조사의 부(部)에서 설명하였으므로 여기서는 용례만 들도록 하겠습니다.

日本の富士山は大變美しいさうだ(さうです)。
あの村には學校がないやうだ(やうです)。
あそこには産物が多いらしい。
この本はむづかしいけれども[けれど]、なかなか面白い。
弟はこんなに暑いのに、また出かけて行った。
紐が太いので、なかなか切れない。
家も大きいし、庭も広い。

(91)【명사의 수식어가 되는 것】

앞서 명사의 수식어가 되는 것은 형용사뿐이라고 생각해서는 안 됨을 강조하였으나, 여기서는 형용사 외에 명사의 수식어가 될 수 있는 것을 정리해서 제시하겠습니다.

이는 크게 (甲) 단어로 이루어진 것, (乙) 두 단어로 이루어진 것의 두 종류로 나누어 볼 수 있습니다.

(甲) 단어로 이루어진 것

여기에는 세 종류가 해당합니다.

(1) 동사·형용사의 제3형

歸る人	起きる時	聞える音	
來る途中	散歩する海岸		
淺い海	厚い板	新しい本	美しい景色
靜かな部屋	穩かな海	りっぱな家	

동사·형용사에 조동사의 제3형이 붙은 것은 이하와 같습니다.

銹びない小刀	笑はれる人	見たい映畫
悲しかった日	愉快だった旅行	

(2) 부사

부사 중 정도를 나타내는 것은 방향(方角), 시(時), 수 등을 나타내는 명사를 수식할 때 사용하는 경우가 있습니다.

すこし上	ずっと右	ごく昔	はるか近世
わづか三人の家族	もう五分待ち給へ		

한편 다음의 예의 ___ 표시 부분은 구어로는 하나의 단어로 봐야 하나, 현재는 학자에 따라 달리 취급하므로 교본에서는 이에 관해 별도로 언급하지 않았습니다.

いはゆる學者	あらゆる國	ある[或]時	さる人
たいした話	どんだ事	この本	この帽子
あの山		どの家	わが國

(乙) 두 단어 이상으로 이루어진 것

다른 어에 조사 「の」가 붙어 이루어진 것으로 다음과 같이 세 종류로 나뉩니다.

(1) 명사·대명사와 「の」

町の人　學校の門　五本の指　二つの日
私の鉛筆　あなたの帽子　どこの軍艦
こちらの家　なにの本

(2) 부사와 「の」

少しの違　ちょっとの間　全くのしろうと
萬一の場合　すべての學校

(3) 다른 조사가 붙은 명사·동사와 「の」

友達からの手紙　一日だけのがまん
學校への近道　昨日までの彼　三尺ばかりの蛇
笑ひながらの話　歸ってからの食事
讀むだけの時間　歸るまでの仕事

위와 같이 명사(대명사)의 수식어가 되는 것에는 여러 부류가 있으므로 단순히 「명사(대명사)를 수식하는 것이므로 형용사이다」라고 섣불리 판단하지 않도록 지도해야합니다.

(92) 【39】 제4형

제4형은 동사의 경우와 마찬가지로 어떤 사태(事態)를 가정해서 그

것을 조건으로 나타낼 때 「ば」를 붙여 사용하는 형태입니다.

(93) 【(주의7)】

제4형은 동사의 경우와 마찬가지로 「ば」가 붙는 것 외의 용법은 없습니다.

(94) 【40】 제5형

제5형은 교본의 예 「寒かった」 「美しかった」의 「寒かっ」 「美しかっ」처럼 「た」가 붙는 형태입니다. 이는 어원적(語源的)으로는 「寒くあった」 「美しくあった」에서 유래된 것이나, 있는 그대로의 형태에서 「寒かっ」 「美しかっ」를 각각 하나의 단어로 간주한 것입니다.

(95) (주의8)

교본에는 동사와 형용사의 제5형의 이동(異同)에 대해 서술하였습니다. 조사 「に」가 제1종 형용사에는 제2형에 붙어 「寒くて」 「赤くて」처럼 된다는 것은 본 지도서에서도 이미 기술한 바이나((88) 참조), 이들이 담화에서는 「寒くって」 「赤くって」처럼 촉음이 되는 경우가 있습니다.

(96) 【ク활용과 シク활용】

교본의 부록, 제2표, 형용사 활용표에 제1종 형용사의 예로 「寒い」 「美しい」의 두 단어를 들었으나, 「美しい」라든가 그 외 「新しい, 苦

しい, 涼しい」처럼 어간이 「し」로 끝나는 것을 「シク활용」으로, 「寒い」나 그 외 「强い, 太い, 広い, 厚い」처럼 어간의 끝에 「し」가 없는 것을 「ク활용」으로 구별하기도 합니다. 다른 문법서 등을 볼 때의 참고 정도로 기술해두었습니다.

제2절 제2종 형용사(第2種 形容詞)

(97) 【본 절의 목적】

본 절에서는 제2종 형용사의 활용 방식, 각 활용형의 용법에 대해 설명하였습니다. 제2종 형용사는 종래 「형용동사」로 칭해진 것의 일부로 여전히 학자들 사이에서 논란이 있는 어입니다. 첫째로 품사로서의 지위에 관한 논란이 있어 이를 동사의 일부로 보는 견해, 형용사의 일부로 보는 견해, 그리고 독립품사로 보는 견해 등이 있습니다. 교본에서는 나타내는 의미나 용법에 따라 이를 형용사의 일부로 보았으나, 활용 방법이 제1형 형용사와 매우 다르고 용법도 매우 복잡하므로 혼란을 일으키지 않도록 적절히 지도하시기를 바랍니다.

(98) 【41】 제2종 형용사

제2종 형용사는 특히 「형용동사」라고도 합니다. 종래에는 제1종 형용사의 활용형으로 「一から, 一かつ」를 한 단어의 활용으로 보고 이것과 제2종 형용사를 포괄하여 「형용동사」로 보는 것이 일반적이었으나, 본 지도서에서 형용동사라 함은 제2종 형용사만을 가리킵니다.

제2종 형용사에도 활용형이 제1형부터 제5형까지 있습니다. 각 형의 주된 용법은【42】에서 설명하였으나, 여기서는 그 중 가장 대표적인 용법을 들어 각 형을 판별하는 근거로 삼고자 합니다.

제1형은 「おだやかだろう」처럼 「う」를 붙여 추량의 의미를 나타낼 때 사용하는 형태입니다. 이는 제1종 형용사의 경우와 동일합니다.

제2형은 두 종류의 형태가 있습니다.

첫째는 「おだやかではない」처럼 「ない」를 붙여 부정의 의미를 나타낼 때 사용하는 형태입니다.

둘째는 「おだやかになる」라든가 그 외 「おだやかに話す。雨がおだやかに降る」처럼 동사를 수식할 때 사용하는 형태입니다. 이는 종래 부사로 취급된 것입니다.

제3형에도 두 종류의 형태가 있습니다.

첫째는 「海はおだやかだ。」처럼 문을 맺을 때 사용하는 형태입니다.

둘째는 「おだやかな海」처럼 명사를 수식할 때 사용하는 형태입니다.

제4형은 「海がおだやかなら〔ば〕…」처럼 단독으로 또는 「ば」를 붙여 가정의 조건을 나타낼 때 사용하는 형태입니다.

제5형은 「おだやかだった」처럼 「た」를 붙여 과거의 의미를 나타낼 때 사용하는 형태입니다.

(99)【각 형의 어원】

제2종 형용사의 활용형은 어원적으로 보자면 「おだやかで」「おだやかな」와 같은 두 계통의 어로부터 성립되었습니다. 즉 제1형인 「お

だやかだらう」는 「おだやかであらう」로부터, 제3형인 「おだやかだ」는 「おだやかである」로부터, 제5형인 「おだやかだった」는 「おだやかであった」로부터 온 어로 「おだやかで」계통이며, 제3형인 「おだやかな」, 제4형인 「おだやかなら」는 「おだやかに」계통의 어입니다. 이들을 어원에 구애치 않고 현재의 실제 용법을 근거로 한 단어의 활용으로 간주한 것이 교본의 제2종 형용사입니다.

(100) 【42】 제1형

제1형은 교본의 예 「おだやかだらう」 「きれいだらう」처럼 추량의 의미를 나타내기 위해 「う」를 붙일 때 사용하는 형태입니다.

추량의 의미를 나타내기 위해서는 동사나 제1종 형용사의 경우 제1형에 「う」(4단 활용 이외의 동사에는 「よう」)를 붙이고 제3형에 「だらう」「でせう」를 붙이나, 제2종 형용사의 경우에는 제3형은 사용하지 않습니다.

(101) (주의1)

제1형은 「う」를 붙이는 용도 외에는 사용하지 않습니다.

(102) 제2형

제2형은 어미가 (い) 「で」가 되는 것과, (ろ) 「に」가 되는 것이 있습니다.

(い) 어미가 「で」가 되는 것

이것은 「ない」를 붙여 부정의 의미를 나타낼 때 사용하는 형태입니다. 「ない」는 형용사이므로 다음과 같이 「ある」와 치환할 수 있습니다. (본 지도서 (86) 참조)

おだやかでない —— おだやかである
きれいでない —— きれいである

단 위의 「おだやかである」「きれいである」와 같은 문장은 구어문에서는 사용하나 담화에서는 사용하지 않습니다. ((주의10) 참조).

(103) (주의2)

교본에서는 제2형과 「ない」 사이에 「は」가 들어가는 것에 대해 기술하였으나, 「は」 외에도 「も」「さへ」 등이 들어가는 경우도 있습니다.

おだやかでもない。　安全でさへない

(104) (주의3)

교본에서는 「おだやかで(は)ない」의 정중한 형태를 제시하였으나, 긍정에는 【47】의 「おだやかです」「おだやかであります」「おだやかでございます」를 사용합니다. 단 「おだやかであります」와 같은 문장은 강연(講演) 등에는 사용하나, 일반적인 담화에서는 사용하지 않습니다.

(105) (ろ) 어미가 「に」가 되는 것

이것은 교본의 예 「おだやかになる」 「きれいに咲く」와 같이 뒤에 오는 동사를 수식할 때 사용합니다.

종래에는 「おだやかに」 「きれいに」 등을 부사로 취급하는 것이 일반적이었으나, 교본에서는 제2종 형용사를 설정한 이상 그 활용형으로 보는 것이 타당하다는 입장을 취하였습니다. 이를 제2형으로 배치한 것은 제1종 형용사의 제2형, 예를 들어 「寒く, 美しく」가 「寒くなる。美しく咲く」처럼 부사적으로 사용된 경우와 대비하기 위함입니다.

(106) (주의4)

제1종 활용의 형용사는 예를 들어 「寒くない」 「寒くなる」처럼 아래에 「ない」가 붙은 형태와 뒤의 동사를 수식하는 형태가 같으나 제2종 활용의 형용사는 앞서 제시한 예 「おだやかでない」 「おだやかになる」처럼 그 형태가 다릅니다.

(107) 【제2형 그 외의 용법】

제2형의 「で」의 어미를 갖는 것은 교본에 있는 용법 외에도 일단 말하기를 멈추고 다음으로 이어질 때 사용합니다.

外は柔かで、内は硬い。
教へ方が親切で、よく分ります。

또한 제1종 형용사의 제2형에는 「て」가 붙어 「美しく」처럼 되나,

제2종 형용사에는 「て」가 붙지 않고 「美しくて」에 상당하는 문장에는 「で」로 끝나는 제2형을 사용합니다.

花が美しくて、暫くながめてをりました。
花がきれいで、暫くながめてをりました。
海がおだやかで、鏡のやうです。

한편 제1종 형용사의 제2형에는 조사 「ても」가 붙어 「美しくて」처럼 되나 제2종 형용사에는 「ても」가 붙지 않습니다. 「美しくて」에 상당하는 문장에는 「で」로 끝나는 제2형에 「も」를 붙인 형태를 사용합니다.

色が美しくても、形が面白くないだらう。
色がきれいでも、形が面白くないだらう。
海がおだやかでも、船で行くのはよさう。

(108) 【44】 제3형

제3형은 「だ」로 끝나는 것과 「な」로 끝나는 것의 두 종류가 있으나 교본에서는 총 세 가지 용법을 들어 두었습니다.

(い) 문을 끝맺는다.
이것은 「だ」로 끝나는 제3형입니다.

(ろ) 조사 「と」 「が」 「から」 등을 붙여 사용한다.
이것은 「だ」로 끝나는 제3형입니다.

(109) (주의5)

동사, 제1형 형용사를 막론하고 각각의 제3형에「だらう」「でせう」를 붙여 추량의 의미를 나타내나, 제2종 형용사의 제3형에는「だらう」「でせう」를 붙이지 않으며 추량의 의미를 나타내기 위해서는 제1형에「う」를 붙여「賑かだらう」「丁寧だらう」처럼 말합니다.

(は) 명사에 대한 수식어가 된다.

이것은「な」로 끝나는 제3형입니다.

또한 이것은 다음과 같이 대명사를 수식할 때 사용하기도 합니다.

親切なあなたにお目にかかりまして…。

友達も無事な私を見て、喜んでくれました。

(110) (주의6)

「賑かな町」「親切なあなた」처럼 형용사의 제3형을 명사·대명사의 수식어로 사용하는 경우에는 그 사이에 조사 등이 들어가는 것은 용인(容認)되지 않습니다. 따라서「賑かの町」「親切なのあなた」등과 같이는 절대로 말할 수 없습니다. 이들은 잘못된 표현입니다.

(111) (주의7)

제2형 형용사는 문을 맺는 형태와, 뒤의 명사·대명사를 수식하는 형태가 서로 다르지만, 동사·제1형 형용사는 동일한 형태가 이 두 용법을 겸하고 있습니다.

(112) 【제3형 그 외의 용법】

제3형은 교본에 든 예 외에도 다음과 같이 사용합니다.

(い) 「だ」로 끝나는 제3형에는 「さうだ」「さうです」「けれど[も]」「し」 등이 붙습니다.

もとの友達はみな無事だうだ。
公園の花が大變きれいださうです。
花がきれいだけれど、[も]、葉が美しくない。
中村君はからだも丈夫だし、頭もいい。

(ろ) 「な」로 끝나는 제3형에는 「やうだ」「やうです」「ので」 등이 붙습니다.

幸に友達はみな無事なやうだ。
町がたいへん賑かなやうです。
夜の山道は危險なので、ふもとで泊まりました。

(113) 【45】 제4형

제4형은 「おだやかならば」「きれいならば」처럼 「ば」를 붙여 가정을 나타낼 때 사용하는 형태입니다. 이 용법은 동사·제1종 형용사의 제4형과 동일합니다.

(114) (주의8)

제4형은 「ば」를 붙여 사용하는 것 외에는 용법이 없습니다. 그러나 담화에서는「海がおだやかなら…」「花がきれいなら…」처럼 제4형만 으로 가정을 나타낼 때 사용합니다.

위와 같이「ば」를 붙이지 않고 제4형을 사용하는 것은 제1종 형용사 외에는 거의 없습니다. 단 밑에서 설명할 조동사「た」「だ」의 제4형이 동일하게 사용될 뿐입니다.

(115) 【46】 제5형

제5형은「おだやかだった」「きれいだった」처럼「た」를 붙여 과거의 의미를 나타낼 때 사용합니다.

(116) (주의9)

교본에는「제5형에는「た」가 붙을 뿐입니다」라고 하였으나, 자세히 말하자면 그 외에도 원래「た」의 활용형이었던 조사「たり」(교본【75】 참조)도 제5형에 붙습니다.

取扱が、日によって丁寧だったり、ぞんざいだったりです。

다음으로 제1종 형용사의 제2형에는「て」가 붙지만 제2종 형용사의 경우 어느 활용형에도「て」가 붙지 않습니다. 이것에 대해서는 본 지도서의 (107)에 기술해두었습니다.

(117) 【47】 제2종 형용사의 정중한 형태

정중한 의미를 포함하는 세 가지 형태의 용법은 대체로 보통형과 같지만, 다른 부분도 있습니다.

제1형은 「おだやかでせう」처럼 「う」를 붙여 추량의 의미를 나타낼 때 사용합니다.

제3형은 문의 끝에 사용하는 것 외에도 조사 「と, が, けれど[も], から, し」 등을 붙여 사용합니다.

海がおだやかですと、泳ぎたいんですがね。
花はきれいですが、(けれど[も])葉はきれいではありません。
町が賑かですから、行ってみませう。
兄も快活ですし、弟も朗らかです。

한편 제3형에는 명사·대명사는 물론, 조동사도 붙지 않습니다.

제5형은 「おだやかでした」 「きれいでした」처럼 「た」를 붙여 과거의 의미를 나타낼 때 사용하지만 조사 「たり」를 붙여 사용하는 경우는 거의 없습니다.

(118) 【「おだやかです」의 더욱 정중한 형태】

「おだやかです」는 정중의 의미를 포함하지만, 더욱 정중한 의미를 나타낼 때는 「おだやかだ」의 제2형인 「おだやかで」에 「ございます」를 붙여 말합니다.

公園の花もきれいでございませう。(きれいだらう)
この花はあまりきれいではございません。(きれいではない)
公園の花がたいへんきれいでございます。(きれいだ)
この花はきれいでございますが、 長くは咲いてをりません。 (きれいだが…)

公園の花はたいへんきれいでございました。(きれいだった)

(119) (주의10)

구어문에 사용하는 「おだやかである」는 「おだやかで」와 「ある」의 두 단어가 합쳐진 것입니다. 교본에는 제2종 형용사를 기본으로 제1·3·5형에 상당하는 부분만 제시하였으나, 활용은 존재의 의미를 나타내는 「ある」와 동일하며 다른 어로의 연결방식과 그 외의 용법 역시 존재를 나타내는 「ある」와 대체로 동일합니다.

제7장

부사(副詞)

(120) 【본장의 목적】

본장은 부사의 주요한 성질을 알리는데 주안을 두고 있습니다. 부사는 문을 구성하는 관점에서 보면 지금까지 서술한 품사(品詞)들만큼 중요한 역할을 하지는 않으나, 말하자면 골격에 살을 붙여 장식하는 기능을 맡습니다. 이를 등한시할 하등의 이유는 없습니다.

이와 같이 부사는 문중(文中)에서 대부분의 어에 의존하여 등장하는 것이므로 어떠한 어와 관계를 맺는가(환언하자면 어떤 말을 수식하는가)에 주의를 기울이는 것이 특히 중요합니다. 부사의 문법적 연구의 중심은 여기에 있다고 생각합니다. 이를 미리 염두에 두고 적절히 지도하시기를 바랍니다.

(121) 【48】 부사

교본의 설명대로 부사는 동사·형용사를 수식하는 어입니다. 이를 역으로 「동사·형용사를 수식하는 어는 모두 부사다」라고 생각해서는 안 됩니다. 부사 이외에도 동사·형용사를 수식하는 어가 있기 때

문입니다. 이에 대해서는 후술하도록 하겠습니다. (본 지도서의 (126) 참조)

다음으로 교본의 예를 보자면 「ゆっくり」는 읽는 상태를 나타내며, 「少し高い」 「大變きれいです」의 「少し」 「大變」은 높은 정도(程度), 깨끗한 정도를 나타냅니다. 또한 부사로 든 어 중 「しばらく, たびたび」 등과 같이 때를 나타내는 것도 있습니다. 이처럼 부사를 그것이 나타내는 의미만 놓고 보자면 다양하다고 할 수 있으나, 문법상으로는 「동사·형용사를 수식한다」는 것이 부사의 특질(特質)이 됩니다.

한편 부사에 의해 수식을 받는 동사·형용사에 조동사가 붙는 경우 그 조동사와 합쳐진 것이 수식된 것으로 취급합니다.

ゆっくり讀みます。　　波が少し高かった。
花が大變きれいだらう。

(122) 【49】 다른 부사를 수식하는 부사

부사 중 「もっと, 少し, 大變」이라든가 「大層, よほど, あまり(に), 最も, 一番, かなり, ごく, ずっと」 등은 다른 부사를 수식할 때 사용합니다. 교본에서도 다루고 있으나 아래에 몇 가지 예를 보충제시합니다.

あまりゆっくり歩いてゐると、汽車に送れますよ。
今日の映畫は、今までのよりもずっとはっきり寫りました。
子供たちはかなりたくさん集まってゐます。

이외에도 구어문에서는 「やや, 頗る, 甚だ」 등도 동일하게 사용합니다.

한편 상기의 부사는 정도를 나타낼 때 사용하기 때문에 이를 「정도의 부사」라고 하여 다른 부사와 구별하기도 합니다.

(123) 【50】 부사의 위치

부사가 다른 어를 수식하는 경우에는 수식을 받는 어의 바로 앞에 오는 것이 일반적이나 수식을 받는 어 사이에 다른 어가 끼어들 때도 있습니다.

(124) 【51】 서술의 부사

예를 들어 「ゆっくり」라는 부사는 여러 의미의 서술어(敍述語)를 수식할 때 사용됩니다.

私もゆっくり讀みます。(단언(断言), 긍정)
私はゆっくり讀みません。(단언, 부정)
中村君はゆっくり讀むでせう。(추량)
中村君はゆっくり讀みますか。(질문)
ゆっくり讀んだらよく分りませう。(가정)
ゆっくり讀んで下さい。(원망(願望))

이에 따르면 「ゆっくり」라는 부사는 서술의 성질에는 관계가 없음을 알 수 있습니다.

하지만 「もし」라는 부사의 경우는 예를 들어 「もし中村君が讀むな

らば…」「もし中村君が讀んだら…」에서처럼 수식을 받는 어는 가정의 의미를 서술하는 것으로 한정됩니다. 이처럼 부사에는 일정한 의미를 서술하는 어만을 수식할 때 사용되는 것이 있습니다. 교본에는「もし」외에「決して, 多分, 必ず, どうか, まさか, なぜ, たとへ, まるで」와 같은 예를 들어두었으나 이들을「서술의 부사」로 칭하여 다른 부사와 구별하였습니다.

(125) (주의)

교본에는 부사 외에 형용사의 제2형, 동사·때를 나타내는 명사가 부사처럼 동사를 수식하는 예를 열거하였습니다. 동사·형용사를 수식하는 것에는 여러 종류가 있어 이하 이들에 대해 일괄적으로 다루었습니다.

(126) 【동사·형용사를 수식하는 어】

(1) 부사

실례(實例)는 교본에서 다루었으므로 여기서는 부사에 조사가 붙는 경우를 예시하겠습니다.

私もたびたびは來られません。
前より少しもよくはならない。

(2) 형용사의 제2형

실례는 교본 69페이지 참조. 이 경우도 조사가 붙는 경우가 있습니다.

風は強くは吹かなかった。
あまりりっぱにも見えない。

(3) 명사

실례는 교본 69·70페이지의 (ろ)참조. 이 경우도 조사가 붙을 때가 있으므로 그 몇 가지 예를 들겠습니다.

鉛筆を五本だけ買ひました。
ここには本が一册しかありません。
今日はゆっくり話しませう。
あちらでは昨日も雨が降りました。

(4) 접속조사가 붙은 동사·형용사

私は歩きながら考へました。
敵は驚いて退却した。
妹は朝起きれば歌ひ出す。
中村君は苦しくてもがまんします。
中村君は熱心だから成功するだらう。
あの花は美しいのに、人に好かれない。

마지막으로 (1)(2)(3)에서도 조사가 붙는 것에 대해 서술하였으나, 이들 조사 「は, も, だけ, しか」 등과 (4)의 조사는 서로 종류가 다릅니다. (4)의 「ながら, て, ば, ても, から, のに」 등은 활용하는 어, 즉 동사·형용사·조동사에만 붙어 접속사처럼 사용되기 때문에 「접속조사」라고도 합니다. (1)(2)(3)의 조사는 다양한 어에 붙어 특별한

의미를 더할 수 있는 관계로 이들을 「첨의(添意)조사」라고도 합니다.

(127) 【동사의 그 외 용법】

본 장에서는 부사가 동사·형용사를 수식한다는 것, 그리고 정도의 부사가 다른 부사를 수식한다는 것 등에 대해 서술하고 있으나, 부사에는 그 외의 용법이 있습니다. 이하 이에 대해 간단히 기술하겠습니다.

(1) 명사의 수식어가 되다.

これには二種あります。

(い)

よほど奥に行かなければ、珍しい草は見られない。
少し右を見て下さい。
茶店のちょっと下に池があります。
それはずっと昔の話です。
これもごく近頃の出來事です。
わづか三人の家族。

위와 같이 정도를 나타내는 부사는 단독으로 명사의 수식어가 되기도 합니다.

(ろ)

かなりの違。　暫くのがまん。　ながながの病氣。
少しの間。　かねての望。　すべての人。
あまりのしわざ。　専らの噂。

위와 같이 부사에 조사 「の」가 붙어 명사에 대한 수식어가 되기도 합니다.

(2) 용언의 자격을 얻다.

부사는 다른 어와 합쳐져 용언(用言)의 자격을 얻기도 합니다. 여기에서 용언이라는 함은 동사·형용사를 총괄한 어입니다.

(い)

その噂が専らだ。
君もさうだらう。
歩くのがゆっくりなら、私も參りませう。
近頃の樣子はどうですか。
待ったのはちょっとでした。

위의 (い)는 부사에 조동사 「だ」 「です」(교본 【65】【66】 참조)가 붙어 하나의 용언처럼 사용된 예입니다.

(ろ)

私の歸ったのは、それからすぐではありません。
事實はさうでもありませんでした。
話してゐた時間はちょっとでございます。
中村の讀み方はゆっくりでございました。
私の映畫を見るのは、たびたびではない。

위의 (ろ)는 부사가 「てある, でございます, でない」와 함께 하나의 용언처럼 사용된 예입니다.

제8장

접속사(接續詞)

(128) 【본장의 목적】

본장은 접속사에 대해 중요지식을 습득시킴을 목적으로 하였습니다. 접속사는 문의 구성상 그다지 중요한 기능을 담당하지는 않습니다. 하지만 본장은 말과 말이 어떠한 관계로 접속하는가를 제시함에 있으므로 그 점에 주의를 기울일 수 있도록 해주시기 바랍니다.

(129) 【52】 접속사

접속사는 앞의 단어의 의미를 받아 다음으로 연결하는 어입니다. 즉 전후를 접속시키는 역할을 하는 어입니다.

앞의 단어의 의미를 받아 다음으로 이어주는 역할을 하는 어는 접속사 외에도 조사도 있습니다. 예를 들어 다음 문의 「と」「ので」와 같은 것입니다.

君が歌ふと、みんなが喜ぶだらう。
雨が降るので、訪問者がない。

즉 「と」는 「君が歌ふ」와 「みんなが喜ぶだらう」를, 「ので」는 「雨が降る」와 「訪問者がない」를 연결하고 있습니다. 그러나 「と」 「ので」는 조사이므로 반드시 앞의 어에 붙어 사용되어야 하며, 앞의 어와 함께 하나로 연결되어 발음됩니다. 이에 비해 접속사는 앞의 어에 붙지 않은 채로 사용되며 앞의 어와 분리하여 발음할 수 있습니다. 실제로 교본의 예 「しかし」 「それから」 등은 문두(文頭)에 사용됩니다. 이 점에서 조사와 구별됩니다.

(130) 【어와 어를 연결하는 접속사】

접속사는 다음의 예 「及び, 竝に」처럼 어와 어를 접속할 때 사용할 수 있습니다.

> 東京及び大阪は日本の二大都市である。
> 政治竝に經濟の問題。

이는 주로 구어문에 사용하는 형태로 담화에서는 이 경우 「東京と大阪は…」 「政治と經濟の問題」처럼 조사 「と」를 사용하는 것이 일반적입니다.

(131) 【53】 접속사의 종류

접속사는 직능(職能)상과 의의(意義)상으로 분류할 수 있습니다. 아래 몇 가지 주의할 사항에 대해 기술하였습니다.

(い)「及び, 竝に」는 구어문에 사용하며 담화에는 사용하지 않음은 앞서 서술하였으나, 예문의 「かつ」도 이와 동일합니다. 또한 구어문에는 「しかも」라는 접속사도 있습니다.

(ろ)「または, もしくは, あるひは」는 주로 구어문에 사용하며 담화에서는 거의 사용하지 않습니다. 「ペンまたは萬年筆で」「東京もしくは横浜に」「中村もしくは武田を」를 담화에서는 각각 「ペンか萬年筆で」「東京か横浜に」「中村か武田を」처럼 조사 「か」를 사용하여 나타내는 것이 보통입니다.

(は) 예문 중 「けれども」와 「が」는 본래는 접속조사로,

風は强く吹いてゐますけれども、彼は…。
風は强く吹いてゐるが、彼は…。

처럼 앞의 어에 붙어 사용되는 어입니다. 이것이

風が强く吹いてゐます。けれども彼は…。
風は强く吹いてゐます。が彼は…。

처럼 앞의 어와 분리되어 사용되면 조사의 성질을 잃고 접속사가 되는 것입니다.

또한 「但し」는 담화에서는 거의 사용하지 않습니다. 구어문에는 「然るに」라는 접속사도 있습니다.

(に) 「随って」 「因って」는 주로 구어문에 사용하는 접속사입니다. 그리고 구어문에는 「然らば」라는 부사도 있습니다.

(132) 【접속사의 성립】

일본어에는 처음부터 접속사인 것은 거의 없고, 현재 접속사로 취급받는 어는 타어(他語)가 전성(轉成)된 것이나 결합된 것입니다. 예를 들어 앞서 서술한대로 「けれども, が」는 조사에서, 「また, かつ, なほ」는 부사에서 전성된 것입니다. 더불어 「それから, そこで, それでは」는 대명사와 조사, 「すると, 随って, 因って」는 동사와 조사, 「それなら」는 대명사와 조동사, 「ですから」는 조동사와 조사가 결합된 것입니다.

제9장

감동사(感動詞)

(133) 본장의 목적

본장에서는 감동사의 성질에 대해 이해시키도록 하였습니다. 감동사는 문 구성상 큰 역할을 하지 않으며 오히려 그다지 긴밀한 관계를 갖지는 않으나 그 자체만으로 문이 되는 경우가 있습니다. 품사로서의 가장 대표적인 특징은 의미상 의식내용을 종합적으로 나타낸다는 것입니다. 이에 대해서는 아래에서 설명하겠습니다.

(134) 【54】 감동사

감동사를 감동의 정(情)을 나타내는 어, 부름의 어, 응답에 사용하는 어로 규정하였으나, 실은 이것만으로는 충분한 설명이 되지 않습니다. 감동사 이외에 감동의 정을 나타내는 어가 있습니다. 예를 들어 「またやって來たな」「全くさうですね」의 「な」「ね」와 같습니다. 이들도 감동의 정을 나타내지만 감동사가 아닌 조사입니다. 더불어 명사나 대명사를 부름에 사용할 때가 있습니다. 예를 들어,

中村さん、こちらへいらっしゃい。
君、ちょっと待ち給へ。

의「中村さん, 君」와 같습니다.

감동사는 의식내용을 종합적으로 나타낸다는 데 그 특징이 있습니다. 지금까지 기술한 여타 품사에 속하는 어는 사상·감정을 분석해서 나타내는 경우에 사용한 것이었으나, 감동사는 전체를 총괄하여 있는 그대로 나타내는 것입니다. 이는 주로「あ, おや, やあ」처럼 감동했을 때에 발하는 어에 해당하며, 응답의 어도 부름의 어도 내용을 분석하지 않고 종합적으로 형언한다는 점에서 동일합니다.

(135)【55】문과 동일한 감동사

전절(前節)에서는 감동사를 의미적 관점에서 설명하였으나, 본 절에서는 문법적 성질에 대해 기술하였습니다. 감동사는 문두에 등장하는 것이 일반적이나 하나의 문과 동일한 경우가 있습니다. 좀 더 확실히 말하자면 감동사만으로 하나의 문을 이루는 경우가 있다는 것입니다. 교본에 있는 예로 말하자면,「おやおや」「さあ」「いいえ」는 모두 하나의 어이자 각각이 독립된 하나의 문으로 봐야합니다.

(136) (주의)

교본의 예「綺麗ですね」「歌ひましたな」의「ね, な」는 감동의 정을 나타내기는 하나 감동사는 아닙니다. 이에 대해서는 본 지도서 (134)에서도 설명하였습니다.

제10장

조동사(助動詞)

제1절 조동사의 활용

(137) 【본장의 목적】

본장에서는 조동사 전반에 관해 그 문법적 성질을 설명하고자 하였습니다. 단, 조동사가 어떠한 어에 붙는가는 각 조동사에 따라 상이하므로 제2절 이하 각 어의 부에서 논하도록 하겠습니다.

더불어 제2절 이하에서는 조동사의 주된 내용에 대해서만 다루고 있으므로, 본 지도서에서는 본장의 마지막에 교본에서 누락된 조동사를 총괄하였습니다.

(138) 【56】

교본에서는 「ない」와 「ます」를 사용하여 조동사를 설명하고 있는데 이처럼 조동사는 반드시 다른 어의 아래에 붙여 사용됩니다. 이 점은 조동사의 품사로서의 가장 대표적인 특징이 됩니다. 더불어 제11장의 「조사」도 다른 어의 아래에 붙어서 사용되어야 하지만, 이 둘

의 구별은 활용의 유무에 달려있습니다. 즉 조동사에는 활용이 있으나 조사에는 활용이 없습니다. 다만 조동사 중에는 활용이 없는 어도 있습니다. 이에 대해서는 본 지도서의 (97)에서 설명하였습니다.

다음으로 교본에서는 조동사를 「주로 동사의 뒤에 붙어 일정한 의미를 더하는 어」라고 하였으나, 동사 이외의 어에 붙을 때도 있습니다. 예를 들어,

あれは 富士山だ。(〔65〕참조)
あれは 富士山です。(〔66〕참조)
天氣はどうだ。降りさうか。
も少しお待ち下さい。ちょっとです。

의 「だ」「です」는 조동사임에도 불구하고 명사 「富士山」, 부사 「どう」「ちょっと」에 붙어 있습니다.

또한,

山の 上は 寒からう。(〔36〕참조)
山の 上は 寒かった。(〔40〕참조)
あの 海は おだやかだらう。(〔42〕참조)
昨日は 海が おだやかだった。(〔46〕참조)

에서는 조동사 「う」「だ」가 형용사에 붙어 있습니다.

위와 같이 다른 어에 붙는 경우도 있으나 동사에 붙는 것이 가장 일반적이므로 교본에서는 동사를 예로 들어 설명한 것입니다.

한편 다음의 【57】에서는 다른 조동사에 붙은 예를 제시하였습니다.

(139) 【57】

「ます」를 사용하여 조동사에 활용이 있음을 설명하였습니다. 「ます」에 대한 자세한 사항은 제3절에도 있으나 여기서는 활용이 있음을 알려주는 정도로 끝내겠습니다.

다음으로 조동사의 활용을 설명하기 위해 「조동사의 대부분은 용법에 따라 형태가 바뀝니다」라고 하였습니다(78페이지 제3·4행). 어떠한 이유로 「조동사의 전부」가 아닌 「조동사의 대부분」이라고 하였는가에 대해 설명을 드리자면, 조동사라고 일컬어지는 어 중에는 활용이 없는 것이 있기 때문입니다. 교본에서 제시하고 있는 어 중 제9절의 「う」「よう」가 이에 해당합니다. 이들을 조동사로 취급하는 이유는 본 지도서의 (197)에서 설명하도록 하겠습니다.

(140) (주의)

앞서 서술한 바와 같이 조동사는 주로 동사 아래에 붙으나, 체언, 형용사, 부사에도 붙는 경우가 있으며 다른 조동사에도 붙습니다. 교본에서는 「ませ ん」「まし た」의 예를 들었으나, 조동사와 조동사의 결합에는 일정한 규칙이 있어 개인이 마음대로 정할 수는 없습니다.

(141) 【58】

조동사를 활용 방식에 따라 분류하자면 다음과 같습니다.

(い) 동사처럼 활용하는 것

れる，られる(이상，ラ하1)

せる，させる(이상，サ하1)

(ろ) 형용사처럼 활용하는 것

ない，たい(이상，제1종 형용사와 동일한 것)

(は) 특수한 활용을 하는 것

ます，た，だ，です，ぬ(ん)

위 외에도 어형의 변화가 없는「う」「よう」가 있습니다.

제2절「ない」

(142)【59】

「ない」는 부정(否定)의 의미를 나타내는 조동사이며「동사의 제1형에 속한다는」것은 교본에서도 서술한 바이며 그 예도 제시하였습니다.「ない」는 이 외에도 조동사「れる」「られる」「せる」「させる」의 제1형에 붙으나, 이들 조동사에 대해서는 아직 학습하지 않는 것으로 되어 있으므로 교본의【59】에서는 제시하고 있지 않습니다. 그 예는 다음과 같습니다.

太郎は 笑はれない。(교본 85페이지)

誰からも ほめられない。(동)

平仮名を 缺かせない。(교본 92페이지)
御飯は 食べさせない。(동)

(143) 【조동사의 「ない」와 형용사의 「ない」】

형용사의 「ない」는 동사의 「ある」를 부정한 의미를 나타내는 어로,

机の上には何もない。
私の子供の時は、ここに橋はなかった。

처럼 사용합니다. 다시 말해 「ない」는 본래 사물의 존재를 부정하는 의미를 나타낼 때 사용하는 어이지만, 다음과 같이 형용사에도 붙어 그것을 부정할 때에도 사용합니다.

あの 山の 上は 寒く ない。(교본 45페이지)
この 花は あまり 美しくない。(동)
あの 海は おだやかでない。(교본 55페이지)
この 花は あまり きれいでない。(동)

더불어 조동사 「ない」 「たい」(이상 형용사와 동일한 활용)나 「だ」의 제3형 및 조사 「て」에도 붙습니다.

椅子が 足りなく ない。
私は 休みたく ない。(교본 96페이지)
あれは 富士山で ない。(교본 105페이지)
窓は まだ あけて ない。

이상과 같이 동사와 조동사「れる」「られる」「せる」「させる」의 제1형에 붙는「ない」는 조동사인데 반해, 형용사와 조동사「ない」「たい」「だ」의 제2형이나 조사「て」에 붙는「ない」는 형용사입니다. 양쪽 모두 다른 어에 후접(後接)하여 부정의 의미를 나타내는데 불구하고 어째서 한쪽을 조동사, 다른 쪽을 형용사로 달리 보는가하면 여기에는 문법상의 차이가 있기 때문입니다.

앞서 언급한 바와 같이 조동사는 동사뿐만 아니라 형용사·부사·명사에도 붙습니다.

雨は 降らない。(동사에)
山の 上は 寒からう。(형용사에)
昨日は 海が おだやかだった。(형용사에)
天氣は どうだ。(부사에)
あれは 富士山です。(명사에)

단, 이들 조동사와 앞의 어, 예를 들어 첫 번째, 두 번째 예의「降ら」와「ない」,「寒から」와「う」사이에는 다른 어가 개입할 수 없습니다. 이것이 조동사의 가장 대표적인 특질입니다. 하지만 형용사나 조동사「ない」「たい」「だ」, 그리고 조사「て」에 붙는「ない」앞에는 다른 어「は」「も」「など」등을 붙일 수 있습니다.

あの 山の 上は 美くは ない。
この 花は あまり きれいでも ない。
椅子が 足りなくは ない。
私は 休みたくも なかった。

あれは 富士山でなど ないよ。
窓は まだ あけても ない。

다시 말해 이들 「ない」는 조동사로서의 중요한 성질을 갖지 않으므로 조동사로는 보지 않는다는 것입니다.

위의 판별법을 보다 쉽게 설명하자면 형용사인 「ない」는 상반된 의미이기는 하나 동사 「ある」로 치환할 수 있는데 반해 조동사 「ない」는 의미와 상관없이 「ある」로 치환할 수 없습니다. 예를 들면,

美しくない ー 美しくある。
富士山でない ー 富士山である。
休みたくない ー 休みたくありません。

의 「ない」는 형용사인데 반해 아래의 「ない」는 조동사입니다.

風が 吹かない。
一言も 言はせない。

(144) (주의1)

「ない」의 제1형에 「う」가 붙는 「なからう」는 문어에서는 사용되기도 하나, 담화에서는 「ないでせう」「ないだらう」의 형태로 주로 사용되며 「なからう」는 거의 사용되지 않습니다. 이는 제1종 형용사의 경우와 동일합니다. (교본 45페이지, 주의1 참조)

(145) (주의2)

제1형	제2형	제3형	제4형
○	ず	ぬ	ね

문어의 경우「ない」대신에「ぬ」라는 부정의 조동사를 사용하기도 합니다. 이에 관해서는 이미 교본 30페이지의 (주의1)에 설명하였으며 활용은 다음과 같습니다.

「ぬ」에는 제1형이 없습니다. 교본에서는 제3·4형의 예만 제시하고 있으나 제2형은 다음과 같이 사용합니다.

昨日は 雨も 降らず、風も 吹かなかった。

일본, 서양을 불문하고 담화에서도 이러한 부류의 조동사를 사용하며 제3형은「ん」이라고 합니다.

(146) (주의3)

동사「ある」에 한해 조동사「ない」「も」「ぬ」를 붙일 수 없습니다. 이에 대해서는 이미 교본 31페이지의 (주의2)에서도 설명해두었습니다. 최근 구어의 문장 등에서

正しい 人で あらねば ならぬ。
もっと 親切で あらねば ならぬ。

처럼 말하는 경우가 있으나 이는「ある」에「ぬ」의 제4형인「ね」를 붙인 것으로 일반적인 용법은 아닙니다.「なければならない」나「なけ

ればならぬ」라고 하는 것이 일반적입니다.

(147) 【「ない」의 정중한 형태】

형용사 「ない」를 정중하게 말하기 위해서는 다음과 같이 「ありません」「ございません」를 사용하고 과거를 나타낼 때는 거기에 「でした」를 붙인다는 것은 이미 교본 【37】의 (주의4), 본 지도서의 (87)에서 설명하였습니다.

ここに 本は ありません。(ございません。)
ここに 本は ありません。(ございません)でした。

단, 조동사 「ない」를 정중한 어투로 만들기 위해서는 아래와 같이 동사의 제2형에 「ません」를 붙이고 과거의 경우는 거기에 「でした」를 붙입니다.

櫻は まだ 咲きません。ー(咲かない。)
櫻は まだ 咲きませんでした。ー (咲かなかった。)

제3절 「ます」

(148) 【60】

「ます」는 교본에 있는 「동사의 제2형」에 붙는 것 외에도 다음과 같이 조동사 「れる」「られる」「せる」「させる」의 제2형에도 붙습니다.

人から 笑はれます。(교본 86페이지)
荷物を 調べられます。(동)
平仮名を 書かせます。(교본 92페이지)
夕飯を 食べさせます。(동)

(149) (주의1)

조동사 「ぬ」가 붙는 어에는 모두 「ない」도 붙을 수 있으나 예외적으로 「ます」에 한해 「ぬ(ん)」가 붙어 「此處に 本は ありませぬ(ん)」처럼 말하며 「ない」는 붙지 않습니다. 단 「ぬ」도 제3형이 「ます」에 붙을 뿐으로 「ありませねば…」와 같은 형태는 없습니다.

(150) 【제3형의 「まする」】

「ます」의 제3형을 「まする」라고도 합니다.

私どもも ぢきに 參りまする。
兄は 繪を かきまするが、私は かきませぬ。

이러한 「まする」는 「ます」보다는 어느 정도 정중한 형태가 되나 일반적으로는 잘 사용하지 않습니다.

(151) (주의2)

「ます」의 제3형을 명사 앞에 사용하여 교본의 「こちらへ 參ります 途中で…」와 같이 말할 때도 있으나, 일반적으로는 명사와 대명사 앞에는 「ます」를 사용하지 않습니다. 단, 어투를 정중하게 하기 위해

雨の 降ります 日は、うちに 居ります。

此處に あります 本を あなたに あげませう。

四月に 咲きます 花は 櫻などで ございます。

라고 할 때도 있지만, 보통은 「ます」를 붙이지 않고 다음과 같이 말합니다.

雨の 降る 日は…

此處に ある 本を…

四月に 咲く 花は…

다음으로 추량의 의미를 나타낼 때는 제1형 「ませ」에 조동사 「う」를 붙여

雨が やみませう。

風が 吹きませう。

暑く なりませう。

라고 하는 것이 일반적입니다. 이 경우,

雨が やみますでせう。

風が 吹きますでせう。

暑く なりますでせう。

라고 할 때도 있습니다.

(152) 【「ませ」「まし」】

타인에 어떤 동작을 요구하거나 그 동작을 진행할 경우 「ます」는 「ませ」 또는 「まし」의 형태가 됩니다. 단 이는 보통 「下さる, なさる, いらっしゃる, おっしゃる」 등의 동사 외에는 붙지 않습니다. 또한 이 경우 다음의 예와 같이 이들 동사 끝은 「い」가 됩니다.

私にも お茶を 下さいませ。(まし)
あなたも さう なさいませ。(まし)
こちらへ いらっしゃいませ。(まし)

보통의 동사에는 「ませ」「まし」를 직접 붙이지 않고 위의 「下さいませ(まし)」「なさいませ(まし)」를 붙입니다.

少し お待ち 下さいませ。(下さいまし)
あなたも お立ち 下さいませ。(下さいまし)
さあ、おはいり なさいませ。(なさいまし)
早く お書き なさいませ。(なさいまし)

(153) 【담화와 「ます」】

「ます」는 일상적인 담화에 필수불가결한 어로 이미 서술한 바와 같이 동사나 일부 조동사에 붙여 어투를 정중하게 할 때 사용합니다. 담화에서는 동사나 조동사 「れる」「られる」 등을 문의 마지막에 사용하여

五時に 日が 出る。
雨が 降って ゐる。
太郎も 時々 叱られる。
次郎にも 新聞を 讀ませる。

처럼 말하면 불손(不遜)한 말투가 되므로 여기에 「ます」를 붙여

五時に 日が 出ます。
雨が 降って ゐます。
太郎も 時々 叱られます。
次郎にも 新聞を 讀ませます。

처럼 말하는 것이 일반적입니다.

제4절 「れる」「られる」

(154) 【61】

수동(受身·受動)의 「れる」「られる」는 교본에 있는 대로 동사의 제1형에 붙는 것 외에도 다음과 같이 사역(使役)의 조동사 「せる」「させる」(제5절 참조)의 제1형 「せ」「させ」에 붙는 경우가 있습니다.

私は 毎日 新聞を 讀ませられる。
ときどき 子供に 問題を 考へさせられる。

여기서 「せられる」「させられる」는 대상(對象)에게 수행(遂行)을

요구하는 동작의 수동, 즉 피역(被役)을 나타냅니다. 이를 정중한 어투로 만들기 위해서는 제3절의 「ます」를 마지막에 붙여

読ませられます。　　考へさせられます。

라고 말합니다.

(155) 【제1형】

(2)의 예를 정중하게 말할 때는 조동사 「ます」를 사용하여 다음과 같이 말합니다.

太郎は 笑はれません、次郎が…。(또는 太郎は 笑はれませんで、次郎が…)
今日は まだ 誰からも ほめられません。

(156) 【제2형】

(4)의 예를 정중하게 말할 때는 「ます」를 사용하여 다음과 같이 말합니다.

太郎は 昨日も 笑はれました。
昨夜 靴を 盗まれました。
次郎も…ほめられました。

(157) 【제3형】

(7)의 예를 정중하게 말할 때는 「ます」의 제3형을 사용합니다.

次郎は 今日も ほめられますでせう。(이 경우는「でせう」대신에 「だらう」는 사용할 수 없습니다.)
太郎は ときどき 友達から 笑はれますが…。
そんな 事を すると 人に 笑はれますから…。

(158) 【제4형】

(8)의 예를 정중하게 말할 때는「ます」의 제4형을 사용합니다.

人から笑はれますれば…。
人から ほめられますれば…。

(159) (주의1)

서양의 언어에서는 수동으로 사용할 수 있는 동사는 타동사뿐이지만 일본어에서는 자동사도 수동으로 사용합니다. 교본에는「降る, 殘ってゐる, 泣く」를 수동으로 만든 예를 제시하였으나, 그 외의 몇 가지 예를 아래에 들어두겠습니다.

親に死なれる。(死ぬ)
前に立たれる。(立つ)
人に來られる。(來る)
小鳥に逃げられる。(逃げる)
友達に早く歸られる。(歸る)
自分の車に乘られる。(乘る)
子供に早く起きられる。(起きる)
弟に、病氣で寢られる。(寢る)

(160) 【수동의 형태와 조사「に」「から」「及び」「を」】

수동문에서는 그 동작을 받는 자가 주어가 되나, 그 동작을 수행하

는 자를 나타낼 때는 조사 「に」를 사용합니다. 교본의

(1)의 「人に 笑はれる」「先生に ほめられる」
(5)의 「弟に ペンを 折られて」
(6)의 「馬に 手を かまれる」

등이 그렇습니다. (또한 교본 132페이지 (ほ) 참조) 하지만, 동사가 타동사인 경우는 「に」 대신에 「から」를 사용할 수 있습니다. 교본의,

(2)의 「誰からも ほめられない」
(3)의 「人から 笑はれます」
「友達からも ほめられます」
(7)의 「友達から 笑はれる」

등이 이에 해당합니다. 단 동사가 자동사인 경우는 교본 88페이지의 「雨に, あなたに, 子供に」처럼 「に」를 사용하는 것이 일반적이며 「から」는 거의 사용하지 않습니다.

다음으로 수동문의 경우 주어 외에 동작의 목적이 되는 어를 나타낼 때는 조사 「を」를 사용합니다. 교본의

(3)의 「荷物を 調べられます」
(4)의 「靴を 盗まれた」
(5)의 「ペンを 折られて」
(6)의 「手を かまれる」

등이 이에 해당합니다.

(161) (주의2)

「れる」「られる」가 붙어 가능의 의미가 더해진 동사와 같은 의미를 나타내기 위해 그 동사에 「ことが出來る」를 붙일 수 있으며 담화에서는 여기에 「ます」를 붙여 다음과 같이 사용합니다.

今日は 私も 一緒に 行くことが出來ます。
私は 一時間に 十五頁 讀むことが出來ます。
弟も 五時までは 此處に ゐることが出來ます。
聞かれれば 何時でも 答へることができます。

한편 가능의 의미를 더하기 위해 「れる」를 4단 활용 이외의 동사의 제1형에 붙여

見れる　受けれる　出(で)れる　來(こ)れる

처럼 말하는 것은 잘못된 것입니다. 이들은 「られる」를 붙여야만 합니다.

(162) (주의3)

「れる」「られる」는 타인의 동작을 존경한다는 의미로도 사용합니다. 이 때 활용이나 다른 단어와의 결합 방식은 수동의 경우와 동일합니다. 따라서 이를 담화에서 사용할 때는 아래에 「ます」를 붙이는 것이 일반적입니다.

先生は 十時に やすまれます。
田中さんも 映畫を 見られます。

(163) 【타인의 동작을 존경하는 형태】

타인의 동작을 존경하는 의미를 나타내는 형태는 「れる」「られる」를 사용하는 것 외에 담화의 경우 다음과 같이 동사의 제2형 앞에 「お」를 붙이고 뒤에 「に, なります」를 붙이는 것이 일반적입니다.

先生は 十時に おやすみに なります。
先生は 六時に お起きに なります。
それは 先生が お書きに なりました。

또한 위의 「に, なります」 대신에 다음과 같이 「なさいます」를 붙여 말하기도 합니다.

おやすみなさいます。　　お起きなさいます。
お書きなさいます。

단, 동사 「行く, 來る, 居る, 食ふ, 見る」 등에는 「に, なります」「なさいます」를 붙여 사용하지는 않으며 다음과 같이 말합니다.

先生は 運動場の方へ お出でになりました。(お出でなさいました。)
(行ッタ)
先生は 運動場の方から お出でになります。(來ル)
先生は 運動場に お出でになります。(居ル)

先生は 七時に 朝御飯を おあがりになります。(おあがりなさいます)(食ふ)
先生も 時々 映畫を 御覽になります。(御覽なさいます)(見ル)

한편「お出でになります」「お出でなさいます」는 아래와 같이「いらっしゃいます」라고도 하며,「おあがりになります」「おあがりなさいます」는「めしあがります」라고도 합니다.

先生は 運動場の方へ いらっしゃいました。(行ッタ)
先生は 運動場の方から いらっしゃいます。(來ル)
先生は 運動場に いらっしゃいます。(居ル)
先生は 七時に 朝御飯を めしあがります。(食ふ)

(164) (주의4)

「親切にしられる」라는 형태는 전혀 사용하지 않는다고는 할 수 없으나 일반적인 경우 교본에 있는 대로「親切にされる」라고 합니다. 이와 관련된 몇 가지 예를 아래에 들겠습니다.

君に そんなことを されると、私が 困ります。(수동, 제3형)
給仕に 案内されて 社長室に 參りました。(수동, 제2형)
田中さんは 毎朝 ラジオ體操を されるさうです。(존경(尊敬), 제3형)
今日の 會には 武田さんも 出席されます。(존경, 제2형)

제5절 「せる」「させる」

(165) 【62】

「せる」「させる」는 보통 「사역의 조동사」라고 하여, 타자를 사역시켜 다른 대상에게 동작을 이루게 한다는 의미를 나타낼 때 사용합니다. 교본의 예로 설명하자면 「弟に片仮名を書かせる」「六時には子供たちに夕飯を食べさせる」는 화자가 「書く」「食べる」라는 동작을 화자 자신이 직접 수행한다는 의미가 아닌, 「弟」「子供たち」를 그 동작을 행하는 자로 한다는 의미를 나타냅니다. 또한

私にも 一言 言はせ(せるの 제2형)て 下さい。
本人が 希望してゐますから、當年も 試験を 受けさせる ことに 致しました。

의 경우에는 「言ふこと」「受けること」를 허용(許容)한다는 의미가 됩니다.

(166) 【제1형】

(2)의 부정 「書かせない」「食べさせない」는 정중하게는 다음과 같이 「ます」를 붙여 말합니다.

書かせません。　　　　食べさせません。

(3)의 「書かせよう」「食べさせよう」도 정중하게 말할 때는 「ます」

를 사용하여 다음과 같이 말합니다.

書かせませう。　　　　食べさせませう。

(167) 【제2형】

(5)의 「書かせた」「食べさせた」는 담화에서는 다음과 같이 「ます」를 붙여 정중하게 말하는 것이 보통입니다.

書かせました。食べさせました。

(6)의 「書かせて…」「食べさせて…」라고 할 때는 「ます」를 붙여 「書かせまして…」「食べさせまして…」처럼 말하는 경우도 있으나, 이는 주로 강연(講演) 등의 장면에 한하며 담화에서는 잘 사용하지 않습니다.

(168) 【제3형】

(7)의 「書かせる文字」「食べさせる菓子」에 「ます」를 붙인 「書かせます文字」「食べさせます菓子」와 같은 형태는 담화에서는 그다지 널리 사용하지 않습니다. 이에 대해서는 이미 본 지도서 (151)에서 설명하였습니다.

(8)의 「書かせるでせう」는 정중한 어투로 담화에서도 흔히 사용하나 「書かせるだらう」는 경양(敬讓)의 의미가 없으므로 정중한 담화에서는 사용하지 않습니다.

「食べさせるっと…」「書かせるが…」「食べさせるから…」는 정중하게

는 각각 「食べさせますと…」「書かせますが…」「食べさせますから…」라고 합니다.

문의 마지막에 사용하는 (1)의 「書かせる」「食べさせる」는 정중하게는 「書かせます」「食べさせます」라고 합니다.

(169) 【제4형】

(9)의 「書かせれば…」「食べさせれば…」는 정중하게는 「ます」를 사용하여 「書かせますれば…」「食べさせますれば…」라고 합니다.

(170) (주의)

구어문에서는 「しさせる」를 「掃除をせさせる」처럼 「せさせる」라고 하는 경우가 있습니다. 단 담화에서는 보통 「しさせる」도 「せさせる」도 사용하지 않으며 교본에서처럼 「させる」라고 합니다.

더불어 위의 「させる」와 본 지도서 (164)의 「される」는 문법적인 해석상 비록 정설은 아니나, 「サ변」의 동사 「する」의 제1형에 「し」 외에 「さ」를 인정하여 그것에 조동사 「せる」「れる」가 붙은 것으로 간주할 수도 있습니다. 이에 따르면 「勉強させませう」「散歩されます」의 「勉強させ」「勉強され」는 サ변의 동사 「勉強する」「散歩する」의 제1형에 「せる」「れる」가 붙은 것이 됩니다.

또한 위의 「させる」「される」를 각각 하나의 동사로 생각해도 무방하다고 생각합니다. 결국 「勉強させませう」「散歩されます」의 「勉強させ」「勉強され」는 「勉強・散歩」와 「させる, される」가 복합된 동사가 됩니다.

第6절 「たい」

(171) 【63】

「たい」는 동사의 제2형에 붙어 희망(希望)의 의미를 나타내며, 대부분의 경우 「ことを欲する」로 치환이 가능합니다. 따라서 「休みたい」 「食べたい」는 「休むことを欲する」 「食べることを欲する」가 됩니다.

「たい」는 일반적으로 화자의 희망을 나타낼 때 사용하나, 다음의 예와 같이 사용하여 상대방이나 제3자의 희망을 나타낼 때 사용하기도 합니다.

君も 休みたいか。
あなたは お歸りに なりたいのですか。
中村さんも 一緒に 參りたいでせうか。

(172) 【「たい」의 접속】

「たい」가 동사의 제2형에 붙는 것에 대해서는 이미 설명한 바이나, 그 외에도 다음과 같이 조동사 「れる, られる, せる, させる」의 제2형에 붙는 경우도 있습니다.

君は 友達から 笑はれたいと 思ふのか。

私も ほめられたいのです。
中村にも 歌はせたいと 思ひます。
子供等に 食べさせたいから、果物を買って來て下さい。

「たい」의 용법은 제1형 형용사와 거의 동일합니다. 단「たい」는 다른 어(동사와 일부의 조동사)와 결합하지 않으면 사용할 수 없다는 점이 형용사와 다릅니다.

(173) (주의1)

「生徒達が休みたからう, 中村も休みたからう」처럼 타인이 희망하는 것을 추량한다는 의미에서「なからう」를 사용하는 것은 강연 등의 장면에서는 종종 있으나 실제 담화에서는 거의 사용하지 않습니다. 담화에서는 일반적으로「休みたいでせう」「讀みたいだらう」라고 말하며「たいでせう」쪽이 보다 정중합니다. 좀 더 정중하게는「休みたいでございませう, 讀みたいでございませう」라고 합니다.

(174) (주의2)

「本を(が)が買ひたい」「お茶を(が)飮みたい」는 동사가「買ふ, 飮む」와 같이 타동사이나, 동작의 목적(目的)을 나타낼 때는 실제 담화에서는「本が」「お茶が」처럼「が」를 사용하는 것이 일반적입니다. 그러나 담화에서도「を」를 전혀 사용하지 않는 것은 아닙니다.

제7절 「た」「(だ)」

(175) 【64】

「た」는 완료(完了)를 나타낼 때 사용합니다. 여기서 말하는 완료란, 동작·작용이 실현된다는 의미입니다. 예를 들어 교본의 「もう日が暮れた」의 「暮れた」는 날이 저문 것을 과거의 사태로서 서술하는 것이 아니라 저문 것이 현실적으로 이루어졌음을 나타낸다고 볼 수 있습니다. 보다 구체적으로는 「暮れてしまった」의 의미라는 것입니다. 아래에 이에 관한 몇 가지 예를 들어 두겠습니다.

今、演説が終わった。
授業が始まったばかりです。
今朝から待って、とうとう十一時になった。
やあ、いい月が出た。
友達は今歸ったところです。
一旦受けた恩は、決して忘れるな。
借りた金は返へさなければならない。

한편 「た」는 과거를 나타낼 때도 사용합니다. 교본의 예 「昨日は, 九時まで勉强した」의 경우 공부한다는 동작의 시점이 현재도 미래도 아닌 과거(즉, 어젯밤)라는 것을 나타냅니다. 다음의 「た」도 모두 과거를 나타냅니다.

ここは昨年まで池がありました。
山の上では、一昨年も雨が降った。
私の見た蛇は、もっと大きかった。

弟の生まれたのは、五月の十日だった。

(176) 【결과의 「た」】

교본에는 따로 제시하고 있지는 않으나, 완료의 「た」는 동작·작용이 실현되어 그 결과가 정태(情態)로서 존재함을 나타낼 때 사용합니다. 예를 들어,

壁に かけた 風景畵
眞赤に 燒いた鐵

와 같습니다.

즉 「壁にかけた」「眞赤に燒いた」는 「かける」「燒く」라는 동작이 행해진 결과로서 풍경화가 벽에 걸려 있고 철이 새빨갛게 타있는 것을 나타냅니다. 이 경우의 「た」는 「かけてある風景畵」「燒いてある鐵」처럼 「てある」로 바꿔 말할 수 있습니다.

(177) 【「た」의 접속】

「た」는 대부분의 동사의 제2형에 붙으나 「サ4」 이외의 4단 활용의 경우 제5형에 붙습니다. 이들에 관해서는 이미 교본 【29】에 상세히 서술해두었습니다.

또한 「た」는 형용사·조동사 「ない, たい, だ, です, たがる」의 제5형, 조동사 「れる, られる, せる, させる」의 제2형에 붙습니다.

山の 上は 寒かった。(형용사)
公園の 花が 美しかった。(형용사)
運動場には 誰も 居なかった。(ない)
昨日は 私も 休みたかった。(たい)
先月の 會場も ここだった。(だ)
あれは 富士山でした。(です)
中村は 昨日も 映畵を 見たがった。(たがる)
太郎は 昨日も 叱られた。(れる)
次郎も 昨日は 先生に ほめられた。(られる)
私は 弟に 平仮名を 書かせた。(せる)
昨晩は 子供たちに 七時に 夕飯を 食べさせた。(させる)

(178) 【제1형】

「た」의 제1형 「たら」에 「う」가 붙은 「たらう」는 「見たらう, 書いたらう, 飛んだらう」처럼 타인의 동작·작용을 추량하는데 그치지 않고,

あそこにも 池が あったらう。
中村は その 時分 東京に ゐたらう。

처럼 존재를 추량할 때에도 사용하는 형태입니다. 하지만 담화에서는 본 형태를 그다지 사용하지 않으며, 교본의 (주의2)에 있는 것처럼 일반적으로 「たでせう」「ただらう」를 사용합니다.

昨日の 映畵は 中村さんも 見たでせう。(見ただらう)
この 繪は 中村さんが 書いたでせう。(書いただらう)
飛行機は 昨日も 飛んだでせう。(飛んだだらう)

あそこにも 池が あったでせう。(あっただらう)
中村は その 時分 東京に ゐたでせう。(ゐただらう)

(179) 【제4형】

교본의 예 「出たらば, 降ったらば, 讀んだらば」는 사전(事前)에 나올 경우, 내릴 경우, 읽을 경우를 나타내므로 「出る, 降る, 讀む」는 아직 사실로 나타나지 않은 것을 실현되었을 경우를 가정하여 조건으로 삼은 것으로 이 때 「たら」는 완료의 의미를 나타냅니다.

그러나 (주의3)의 예 「行ったらば」 「歸ったらば」는 「行った。すると」 「歸った。すると」로 치환이 가능하며, 이 경우 「たら」는 사실을 나타내는 「行く, 歸る」에 붙습니다. 이처럼 「たら〔ば〕」에는 두 가지 용법이 있습니다.

제8절 「だ」 「です」

(180) 【65】

「だ」 「です」는 지금까지 설명한 조동사와는 다른 점, 즉 서술력(敍述力)이 없는 어에 그러한 힘을 부여할 수 있다는 것입니다. 일체(一體) 동사·형용사는 서술력이 자체적으로 존재하여 예를 들어 「この鳥は鳴く」의 「鳴く」처럼 단독으로 술어가 될 수 있습니다. 따라서 「鳴かない, 鳴きます, 鳴かれる, 鳴かせる, 鳴きたい, 鳴いた」와 같은 조동사는 서술력을 갖는 「鳴く」에 붙어 각각의 의미를 더하고 있다고 볼 수 있습니다. 조동사의 대부분은 이 부류에 속합니다. 이에 교본에서는 「주로 동사 뒤에 붙어 일정한 의미를 더하는 어를 조동사라고 합니다」라고 설명해두었습니다. (77페이지 제6·7행) 그럼에도 불구하고 명사·대명사는 서술력이 결여되어 있어 예를 들어 「富士山」「此處」라고 하면 단지 일정한 의미를 나타내는 것에 지나지 않습니다. 물론 실제 담화에서는 「あれは 富士山」「會場は 此處」처럼 명사·대명사를 그대로 술어로 사용하는 경우가 없는 것은 아니나, 이는 그 당시의 「장면·장소(場)」를 이용한 약식(略式)형태에 불과하며 일반적인 형태는 아닙니다. 즉 「富士山, ここ」라는 문 그 자체로는 서술력이 없다고 보는 것이 정답입니다. 하지만 여기에 「だ」「です」를 붙여,

あれは 富士山だ。
會場は 此處です。

라고 하면 「富士山だ」「此處です」는 앞서 든 「この鳥は 鳴く」의 「鳴く」에 상당하는 것, 즉 술어(術語)가 됩니다. 따라서 「だ」「です」는 서술의 힘을 갖춘 것이라고 볼 수 있을 것입니다. 이러한 기능을 갖는 조동사는 「だ, です」 외에 교본에는 제시하지 않았으나 추량의 조동사로 일컬어지는 「らしい」가 있어

それは にせものらしいね、ほんものとは 思はれない。

처럼 사용됩니다.

또한 「だ, です, らしい」는 명사·대명사에만 붙는 것이 아닙니다.

「だ, です」에 대해서는 후에 다시 설명하기로 하고 여기서는 「らしい」가 동사·형용사에 붙는 예만 들어 두겠습니다.

あの店には 珍しい本が あるらしい。
武田君の 出發は 來月に なるらしい。
中村君も 大變忙しいらしい。

(181) 【「だ」의 활용】

「だ」의 활용은 제2형 형용사의 활용(교본 53페이지)과 대동소이합니다. 단 제2종 형용사의 제2형에는 「おだやかで」처럼 「で」로 끝나는 것 외에도 「おだやかに」처럼 「に」로 끝나는 것도 있으나 조동사 「だ」의 경우에는 제2형에 「に」가 없습니다.

한편 제2종 형용사의 제3형에는 「おだやかだ」처럼 「だ」로 끝나는 것 외에도 「おだやかな」처럼 「な」로 끝나는 것이 있어 「おだやかな海」「静かな部屋」「りっぱな人」처럼 아래에 명사를 붙여 사용하지만 조동사 「だ」의 경우에는 제3형에 「な」가 없습니다. 하지만,

昨日は 日曜日なのに、中村君は 學校へ行った。
中村君は 當番なので、歸りが遅かった。

처럼 조사 「のに」「ので」가 붙는 「な」는 조동사 「だ」의 제3형으로 봐야만 하나, 단 이 「な」는 「日曜日な昨日」「當番な中村」처럼 아래에 명사를 붙여 사용하지는 않으므로 교본에는 이러한 부류의 「な」를 제시하지 않았습니다.

(182) 【제1형】

제1형의 「だら」에 조동사 「う」가 붙은 「だらう」는 하나의 단어처럼 사용됩니다. 그러나 이는 교본의 예처럼 명사·대명사는 물론, 활용어(活用語), 즉 동사·형용사·조동사에도 직접 붙습니다. 그러나 활용어에는 다음과 같이 「の」를 사이에 두고 붙습니다.

机は室の中に あるのだらう。
この本は 面白いのだらう。
今日も雨が 降らないのだらう。
太郎は今日もまた ほめられるのだらう。

위의 「の」를 「ん」이라고도 하나 그렇게 되면 조금 불손한 어투가 됩니다.

또한 위의 예 「机は室の中にあるのだらう」「この本は面白いのだらう」의 「の」는 앞의 명사를 대표하여 「机だらう」「本だらう」의 의미로 사용될 때가 있습니다.

(183) (주의1)

「だらう」는 정중하게는 「でせう」라고 하며, 좀 더 정중하게는 「でございませう」라고 합니다. 어와의 결합방법 등은 「だらう」와 완전히 동일합니다.

(184) 【제2형】

제2형의 「で」는 뒤에 형용사 「ない」를 붙여 부정(否定)으로 사용합니다. 이 때 교본에서처럼 「で」의 뒤에 조사 「は」를 넣는 것이 일반적입니다. 또한 다른 조사, 예를 들어 「も」 등을 넣을 때도 있습니다. 한편 긍정(肯定)에는 교본 (1)에서 예로 든 「富士山だ」 「此處だ」처럼 제3형 「だ」가 있으나, 담화에서는 정중한 어투인 「です」 「でございます」를 사용합니다. 마지막으로 이들에 대해서는 후에 다시 설명하도록 하겠습니다.

(185) (주의2)

「でない」를 정중하게는 「でありません」 「でございません」이라고 한다는 것은 교본에서도 제시한 바이나, 「でありません」의 긍정형인 「であります」는 강연 등에는 사용하나 보통의 담화에서는 사용하지 않습니다. 담화의 경우는 「です」 또는 「でございます」를 사용합니다.

あれは富士山です。(でございます)
會場は此處です。(でございます)

(186) 【중지의 「で」】

제2형의 「で」는 「であって」의 의미로 중지(中止)의 역할로 사용합니다. 교본 (4)의 예가 이에 해당하며 아래에 몇 가지 예를 보충하도록 하겠습니다.

級長は武田で、副級長は中村です。
父は醫者で、歌人です。
演說した處もここで、送別會をした處もここでございます。

(187) 【제3형】

교본에는 제시하지 않았으나, 제3형의 「だ」는 다음과 같이 조사 「の」를 매개로 동사·형용사·조동사에 붙기도 합니다.

僕も分らないから君に聞くのだ。
それでよいのだ。
君の靴は、氣をつけてはいてゐるから丈夫なのだ。
中村は努力するから成功したのだ。

한편, 「のだ」 대신에 「のです」를 사용하면 정중한 어투가 되어 담화에서 자주 사용합니다.

(188) 【제4형】

「なら〔ば〕」도 동사·형용사·조동사에 붙습니다. 이 경우 「の」를 사용하지 않아도 됩니다.

映畫を見に行く(の)なら〔ば〕、ちょっと待って下さい。
部屋の中が暗い(の)なら〔ば〕、電燈をおつけなさい。
どうせ叱られる(の)なら〔ば〕、呼んで來ませう。
中村に歌はせる(の)なら〔ば〕、船で行きませう。

또한 제2형 형용사를 다음과 같이 사용한 것은 제4형입니다. (교본 【41】 참조)

海が 穏かなら〔ば〕、船で行きませう。
教へ方が 丁寧なら〔ば〕、よく分るだらう。

(189) **【제5형】**

제5형에 「た」가 붙은 「だった」의 경우도 「の」를 매개로 명사·대명사 이외의 어에 붙기도 합니다.

それでよいのだった。
中村は特に努力したから、成功したのだった。

(190) **【66】**

「でせう」「です」「でした」는 담화에서 일반적으로 사용하는 표현이므로 음성언어로서 충분히 학습시켜 둘 필요가 있습니다. 이들이 어떠한 어에 붙는가는 각각 「だらう」「だ」「だった」의 경우와 동일합니다.

(191) (주의1 · 2)

「であらう」「である」「であった」는 담화에서는 사용하지 않으나, 구어문에는 일반적으로 사용합니다. 또한 강연에서도 사용합니다. 그렇다고는 해도 일반적으로 강연 등의 장면에서는 일반적으로 여기에 조동사 「ます」를 붙인 정중한 형태 「であります」를 사용합니다. 더욱 정중한 어투로는 「でございます」가 있어 이는 주로 담화에서 사용합니다. 이상을 요약해 간단히 제시하자면 대체로 아래의 표와 같습니다.

제1형	제2형	제3형	제4형	제5형	
だら でも でございませ	で ○ でございまし	だ です でございます	なら ○ でございますれ	だっ でし ○	談話
でありませ	でありまし	であります	でありますれ	○	講演
であら	であり	である	であれ	であっ	口語文

(192) 【「富士山だ」의 유형과 제2종 형용사】

あれは<u>富士山</u>だ。　　　會場は<u>此處</u>だ。

의 「富士山だ」 「此處だ」는 명사·대명사에 조동사 「だ」가 붙은 것입니다. 하지만,

あの海は<u>おだやかだ</u>。　　公園の花が<u>きれいだ</u>。

의 「おだやかだ」 「きれいだ」는 형태가 유사하나 제2종 형용사입니다. 이들의 판별법은 다음과 같이 이해해두면 됩니다.

(1) 「富士山だ」는 「だ」를 제거한 「富士山」이 하나의 어이나, 「おだやかだ」은 「だ」를 분리한 「おだやか」만으로는 하나의 어로 인정되지

않습니다.

⑵ 제2종 형용사의 제3형에는 「な」로 끝나는 활용형이 있어 「おだやかな海」 「きれいな花」 「身體の丈夫なあなたが…」처럼 아래의 명사·대명사로 이어질 수 있으나, 조동사인 「だ」에는 그러한 용법이 없습니다. 다시 말해 「富士山な山」 「此處な會場」처럼은 말하지 않습니다.

⑶ 형용사는 사물의 성질·양상을 나타내는 어이므로 「あの海はおだやかだ」 「公園の花がきれいだ」는 「あの海はどんなであるか」 「公園の花はどんなか」에 대한 답이 됩니다. 그러나 명사·대명사에 「だ」가 붙는 것은 「何であるか, いくらであるか, どこであるか, どちらであるか, 誰であるか」 등을 나타내므로 「あれは富士山だ」 「會場は此處だ」는 「あれは何であるか」 「會場は何處か」에 대한 답이 됩니다.

⑷ 수식어를 붙여 보는 것도 하나의 판별법이 됩니다. 특히 한어(漢語)의 경우는 아래와 같이 어느 쪽으로도 사용할 수 있는 것이 있습니다.

(い) 彼の人望を得たのは親切だ。
(ろ) 中村さんの教へ方は親切だ。

위 (い)의 「親切だ」는 명사 「親切」에 조동사 「だ」가 붙은 것인데 반해, (ろ)의 「親切だ」는 제2종 형용사입니다. 이들의 구별은 위의 ⑶에 의해서도 가능합니다. 하지만 수식어를 붙여 보면 (い)의 「親切だ」의 경우 「他に對する」 「心からの」 「ほんたうの」 등과 같이 아래에 명사를 요구하는 수식어를 붙일 수 있습니다. 이 경우의 「親切」는 명사이기 때문입니다. 다시 말해 이 경우의 수식어는 「親切だ」라는 술어를 수식하는 것이 아닌 명사의 「親切」를 수식하고 있다는 것입니다. 그러나 (ろ)에는 이들 수식어가 붙지 않습니다. (ろ)의 「親切だ」에는 명사가 없기 때문입니다. 만약에 (ろ)에 수식어를 붙이고자 한다면 「ほんとうに親切だ」「よほど親切だ」처럼 아래에 동사·형용사를 요구하는 것만 가능합니다.

한편 (い)에도 「確かに親切だ」「疑もなく親切だ」처럼 아래에 동사·형용사를 요구하는 수식어를 붙일 수 있다. 이는 조동사 「だ」가 명사 「親切」에 서술의 의미를 더해 「親切だ」로 하나의 동사 또는 형용사에 상당하는 말을 성립시키므로, 「親切だ」에 「確かに」「疑もなく」가 붙는 것입니다. 즉 앞의 「他に對する(다른 사람에 대해)」 등과는 달리 명사 「親切」만을 수식하는 것은 아닙니다.

따라서 혼란을 일으킬 우려가 있으므로 판별에는 명사·대명사를 요구하는 수식어만을 사용하도록 한다면 별다른 문제는 없으리라 생각합니다.

제9절 「う」「よう」

(193) 【67】

종래 「う」「よう」는 미래를 나타내는 조동사, 즉 「미래의 조동사」로도 일컬어집니다. 그도 그럴 것이 「明日は雨が降らう」「午後には晴れ

よう」의 경우 「降らう」「晴れよう」는 미래에 관한 것이기 때문입니다. 단 「う」「よう」그 자체가 미래의 의미를 나타내지는 않습니다. 일례로 「う」「よう」를 타인에 대해 사용할 때는 추량의 의미를 나타냅니다. 이는 현재, 과거, 미래에 상관없이 사용한데 예를 들어 교본⑵의 「外は暗からう」「庭には誰かゐよう」는 현재에 관한 추량, 「一昨年まではあそこに學校があったらう」「あの時は大變暑かったらう」와 같은 경우는 과거에 대한 추량입니다. 즉 「う」「よう」에 공통된 것은 「추량」인바 이들은 추량의 조동사라 불러야 하며, 이 외에도 화자의 동작을 나타내는 동사에 붙으면 화자의 의지를 나타낸다고 봐야 합니다.

(194) (주의)

교본 ⑵의 예처럼 형용사·동사의 제1형에 「う」「よう」를 붙여 추량의 의미를 나타내는 어투는 앞서 수차례 언급한 바와 같이 구어문이나 강연 등에서는 사용하지만 담화에서는 그다지 사용하지 않습니다. 담화에서는 일반적으로 제3형에 「でせう」를 붙이며 불손한 어투로는 「だらう」를 사용합니다.

(195) 【「う」「よう」의 접속】

이에 대해서는 교본의 112·113페이지에 설명해두었으나, 특히 주의할 점은 サ변의 동사 「する」「信ずる」 등에 붙는 경우의 발음입니다. 즉 「散步をしよう」「君のいふことを信じよう」처럼 「しよう」「じよう」의 발음은 〔ショオ〕〔ジョオ〕가 아니라 〔シヨオ〕〔ジヨオ〕입니다.

(196) 【「う」「よう」에 붙는 명사】

「う」「よう」에는 일반적인 명사는 붙지 않습니다. 단 아래의 예와 같이 수어(數語)가 붙을 뿐입니다.

そんな事のあらう筈はない。
中村君は勉强家だから、失敗しよう道理(譯)はない。
ならうことなら、さうして貰ひたい。
若しそれを忘れようものなら、大變なことになりますよ。

위의 「ものなら」는 본래의 의미를 잃고 「忘れようものなら」는 「忘れたならば」와 같은 의미가 됩니다. 또한 「ならうことなら」는 하나의 정형화된 형태로 「う」에 「こと」가 붙어 있으나 「成功するだらうことを疑はない」「大事件が起るであらうことを予言した」와 같은 형태는 일반적으로 사용되지 않습니다.

(197) 【어형(語形)의 변화가 없는 조동사】

앞에서 설명한 바와 같이 조동사와 조사는 반드시 다른 어의 뒤에 붙어 사용된다는 점에서는 공통되나, 조동사에는 활용이 있고 조사에는 활용이 없다는 점으로 구별됩니다. 하지만 「う」「よう」에는 활용이 없음에도 불구하고 이를 조사라 하지 않고 조동사로 취급하는 이유는 이들에 다른 조동사와 공통된 용법이 있기 때문입니다. 즉 교본 112페이지의 (3)의 「苦しからうが, …」「苦しいだらうが, …」「静かだらうから, …」「晴れようから, …」「晴れるだらうから, …」처럼 아

래에 조사「が, から」가 붙으면

苦しいだらうけれども、がまんなさい。
どんなに言はれようとも、だまって居ませう。
長い間には、つらい事もありませうし、嬉しい事もありませう。

처럼 조사「けれども, とも, し」등이 붙습니다. 이들 조사는 활용이 있는 어에만 붙습니다. 이 점에서「う」「よう」는 일반적인 조동사의 제3형에 해당함을 알 수 있습니다. 이 외에도「う」「よう」가 문의 말미에 사용된다는 점, 뒤에 명사(일정한 어에 한정되기는 하나)를 붙일 수 있다는 점 등도 조동사의 제3형과 동일합니다.

(198)【그 외의 조동사】

교본에는 주요한 조동사를 들었으나, 조동사에는 다음과 같은 어도 있습니다.

たがる　　らしい　　やうだ(やうです)
さうだ(さうです)　　まい

이 중「やうだ(やうです), さうだ(さうです)」는 조동사로 취급하지 않는 학자도 있습니다.

다음으로 이들의 활용표를 제시한 후 간단하게 설명하도록 하겠습니다.

어	제1형	제2형	제3형	제4형	제5형
たがる	たがる	たがり	たがる	たがれ	たがっ
らしい	○	らしく	らしい	○	らしかっ
やうだ	やうだら (やうでせ)	やうで やうに	やうだ やうな (やうです)	やうなら	やうだっ (やうでし)
さうだ	○	さうで	さうだ (さうです)	○	○
まい	○	○	まい	○	○

「まい」는 어형에 변화가 없으나, 일단 해당란에 제시해두었습니다.

(199) (1)「たがる」

弟は繪本を見ると買ひたがる。
武田はどうしても休みたがらない。
若い者はみんな映畵を見たがります。
妹の讀みたがる本はこれです。
太郎が行きたがれば、つれて行きませう。
次郎はほめられたがってさうしたのではありません。
中村さんは兎を飼はせたがるが、子供たちは飼はうといひません。

「たがる」는 동사의 제2형, 조동사「れる, られる, せる, させる」의 제2형에 붙여 타인이 희망한다는 의미를 나타냅니다.

(200) (2)「らしい」

あれは公園らしい。
中村君の帽子はこれらしい。

午後には雨が降るらしい。
中村君もあそこにゐるらしかった。
今度の映畫は大變面白いらしい。
武田さんは子供たちに兎を飼はせるらしい。
中村君は公園に行ったらしくて、うちに居ませんでした。

「らしい」는 위와 같이 추량의 의미를 나타내는 어이므로 명사·대명사 및 제1종 형용사의 제3형에 붙습니다. 이외에도 조동사 「れる, られる, せる, させる, たがる, たい, ない, ぬ, た」의 제3형에도 붙습니다.

(201) (3)「やうだ(やうです)」

月が丸くて盆のやうだ。
太郎はせいが高くてあなたのやうです。
盆のやうに丸い月。
水の流れるやうな弁舌。
村田の走るのは、鳥の飛ぶやうに早い。
雪が降ったやうに眞白だ。

「やうだ」는 위와 같이 비교(比較)에 사용합니다. 조사 「の」를 매개로 명사·대명사에 붙으며, 동사·형용사·일부 조동사의 제3형에도 붙습니다. 제1·3·5형을 정중하게 말할 때는 각각 「やうでせ, やうです, やうでし」를 사용합니다.

「やうだ」「やうです」는 다음과 같이 추량에 사용할 때도 있습니다.

右の方に見えるのは、山のやうです。
隣のへやに誰かゐるやうだ。
この本はかなりむづかしいやうです。
中村も公園へ行ったやうだ。

(202) (4)「さうだ(さうです)」

中村は運動場にゐるさうだ。(さうです)
今日は海が穩かさうだ。(さうです)
中村さんは今日出潑するさうで、兄が駅に見送りに参りました。
あそこには中村が居なかったさうです。

위와 같이 「さうだ」는 전문(傳聞), 즉 타인으로부터 들었다는 의미를 나타낼 때 사용하며, 동사·형용사·일부의 조동사의 제3형에 붙습니다. 「さうだ」를 정중하게는 「さうです」라고 합니다.

한편 다음과 같이 동사의 제2형·형용사의 어간에 붙는 「さうだ」도 있습니다.

雨はぢきにやみさうだ[さうです]。
雨はやみさうでやみません。
みんな嬉しさうな様子でした。
外はだいぶ暑さうだ[さうです]。

이는 양상(様相)이 그렇다는 의미를 나타내므로 다음과 같이 활용하여 전문의 「さうだ」와는 구별됩니다.

제1형	제2형	제3형	제4형	제5형
さうだら (さうでせ)	さうで さうに	さうだ さうな (さうです)	さうなら	さうだっ (さうでし)

(203) (5)「まい」

雨はもう降るまい。
ここには蛇はゐまい。
中村はまさかそんなことをしまい。
中村も今日は叱られまい。
雨はもう降りますまい。

「まい」는 추량과 부정의 의미를 겸한 어로 「ないだらう」로 치환할 수 있습니다. 동사의 4단 활용의 제3형, 그 외 활용의 제1형에 붙으며 조동사 「れる, られる, せる, させる」의 제1형, 「ます」의 제3형에도 붙습니다.

더불어 「まい」는 아래의 예처럼 화자의 의지를 나타낼 때 사용하기도 합니다.

私はもう何も言えまい。
私もそんなことは考へまい。

「まい」는 「う」 「よう」와 동일하게 어형의 변형은 없으나, 「が, けれど[も], から, し」 등과 같은 활용하는 어에만 붙는 조사가 여기에 붙으므로 조동사로 취급하는 것입니다.

雨は降るまいが、傘を持って行かう。

そんなことはあるまいけれど［も］、念の為に注意しておいた。

中村は承諾しまいから、頼まない方がよからう。

私はもう酒も飲むまいし、煙草も吸ふまい。

제11장

조사(助詞)

(204) 【본장의 목적】

본장은 조사의 문법상의 성질 및 주요어의 의미·용법을 이해시키는 데 그 목적이 있습니다.

조사는 문의 근간이 되는 어는 아니나 그렇다고 해서 이를 경시할 수만은 없습니다. 무엇보다도 조사는 문중의 어와 어의 관계를 명확하게 할뿐만 아니라 우리들이 사상·감정의 미묘한 점을 표현할 때 조사에 상당부분 의존하기 때문입니다.

그러나 개개의 조사의 의미·용법을 구두나 문장으로 정확하게 설명하는 것은 거의 불가능합니다. 따라서 이를 충분히 이해시키기 위해서는 결국 많이 들려주고, 읽히고, 말하게 하고, 쓰게 하는 것 외에는 방법이 없습니다. 한마디로 자연스럽게 습득·체득할 수 있도록 지도하는 것이 지난한 작업이기는 하나 가장 효과적인 방법이 아닐까 싶습니다.

이상과 같이 조사에 친숙해지도록 하는 것이 조사를 이해시키는 최선의 방법이나, 그렇다고 해서 설명이 전혀 무용(無用)하다고는 볼 수 없습니다. 비록 대강의 설명이더라도 그것이 기초가 되어 용이하게 진상을 파악할 수 있게 되는 경우가 많기 때문입니다. 본 지도서도 극히 개괄적인 것밖에 설명할 수 없으나 사전에 위와 같은 사정을 숙지하고 한층 더 노력을 경주하여 유효적절하게 지도하실 수 있기를 바랍니다.

(205) 【68】 조사

교본의 첫 번째 예로 설명하자면 「花が」의 「が」는 「花」와 「咲いてゐます」는 어떠한 관계에 있는가를 나타내며, 「咲いて」의 「て」는 「咲く」와 「ゐます」의 관계를 나타낸다고 볼 수 있습니다. 두 번째 예의 「弟は」의 「は」는 동생을 특히 부각시켜 말하는 의미를 갖으며, 동시에 「弟」와 「今朝」 이하의 어와의 관계(엄밀히 말하자면 「弟」와 「讀みました」의 관계)를 나타냅니다. 또한 「五時に」의 「に」는 「五時」와 「起きて」를, 「起きて」 「本を」의 「て」 「を」는 「起きる」 「本」과 「讀みました」의 관계를 나타냅니다. 교본에서는 조사를 「다른 어의 아래에 붙어 어와 어의 관계를 나타내는 동시에 일정한 의미를 덧붙이는 어」라고 설명한 것은 바로 이러한 의미입니다.

조사의 문법상의 특질로서는, (1)반드시 다른 어의 아래에 붙여 사용할 것, 따라서 단독으로는 주어·술어·수식어가 될 수 없으며, (2)어에 활용이 없는 것 등 을 들 수 있습니다.

(206) 【조동사와 조사의 차이】

조동사와 조사는 둘 다 반드시 다른 어의 아래에 붙여 사용됩니다. 환언하자면 다른 어의 아래가 아니면 사용될 수 없다는 것입니다. 이 둘을 무엇을 기준으로 구별되는가 하면 「조동사에는 활용이 있으나 조사에는 활용이 없다」는 것이 가장 대표적인 차이입니다. 하지만 「う」「よう」「まい」 등은 활용이 없음에도 불구하고 조동사로 취급하나, 앞서 설명한 바와 같이 이들은 활용은 없으나 다른 중요한 점에서 일반적인 조사보다는 조동사와 공통되는 면이 많아 조사로 간주하지 않는 것입니다.

(본 지도서 (197)(203) 참조)

(207) 【조사의 분류】

조사를 세부적으로 나누면 총 67종이지만, 일반적으로는 어떠한 종류의 어에 붙는가에 따라 다음의 3종류로 나눌 수 있습니다.

〈제1종 조사〉

이는 주로 명사·수사·대명사에 붙는 조사로 앞의 어와 다른 어의 관계를 제시하며, 「격조사(格助詞)」라고도 합니다. 주요어는 다음과 같습니다. (×표는 동형의 것이 다른 종류에도 있다는 표시)

が[×] の[×] に を へ と[×] から[×] より で

〈제2종 조사〉

이는 주로 동사·형용사·조동사에 붙는 것으로 「접속조사(接續助詞)」라고도 합니다. 앞의 어와 다른 어의 접속을 나타내는 조사라는 점에서 접속사와 유사합니다. 주요어는 다음과 같습니다.

ば　と　ても　とも　けれど(けれども)　が
のに　から　ので　し　てたり

〈제3종 조사〉

이는 제1종·제2종 이외의 모든 조사를 총괄한 것으로 여러 가지 어에 붙습니다. 모두 특별한 의미를 더하므로 「첨의조사(添意助詞)」라고도 합니다. 주요어는 다음과 같음.

は　も　さへ　しか　まで　ばかり　だけ　か　な　の

교본에서는 종래의 분류에 따라지 않고 사전(辭典) 상의 50음순으로 나열한 후 동형의 조사를 총괄적으로 제시하여 설명하였습니다.

더불어 【69】아래로 각 조사에 대해 주의해야할 사항을 기술하는 동시에 조사의 종류도 제시해두었습니다.

(208) 【69】「か」(제3종)

(い) 교본에 「의문을 나타낼 때 사용합니다」라고 설명하였으나 엄밀히 말해 교본의 예는 타인에 대한 질문에 해당합니다. 이 외에도

さあ、どうしようかな。
私も歸らうかと思ってをりました。
そんな事になるまえいかと、實は心配しました。

처럼 스스로 판단할 수 없어 의심이 존재한다는 의미로도 사용하며, 부정(不定)에 붙어 다음의 예와 같이 상대를 유인(誘引)할 때 사용하기도 합니다.

あなたも一緒に參りませんか。
明日からもっと早く來ようぢゃないか。

(ろ) 「부정(不定)의 의미」라는 것은 첫 번째 예로 말하자면 「誰か」는 中村인지 武田인지 확실히 그 사람에 대해 언급하지 않고 막연하게 표현할 때 사용함을 말합니다. 이는 상당수의 경우 그 사람이 누구인지가 불확실할 때 사용합니다. 여기에 몇 가지 예를 보충하도록 하겠습니다.

あなたは何か考へてゐますね。
飛行機はどちらかへ飛んで行きました。
弟が本を幾冊か買ひました。
あなたはどうかなさいましたか。

(は) 「선택하는 의미」란 여럿 중 하나가 적용된다는 것입니다. 첫 번째 예로 말하자면 「畑には父がをります」「畑には兄がをります」 중 하나라는 의미입니다.

(209) (주의) 반어(反語)의 「か」

교본의 예 「ゐられるものか」 「言へるものですか」와 같은 형태는 긍정이나 부정(否定)의 의미를 나타내며 이를 「반어(反語)」라고 합니다.

(210) 【70】 「が」와 「けれども」 「けれど」

「が」에는 두 종류가 있습니다.

(い) 주어를 나타낸다. (제1종)

(ろ) 희망·취향 및 그 반대의 어에 대해 그 대상이 되는 사물을 나타낸다. (제1종)

교본의 예에서 이하의 두 가지 점에 주의해야 합니다.

첫째로 「お茶を飲む」에 조동사 「たい」가 붙으면 「お茶が飲みたい」가 된다는 것입니다. 단 이 경우에도 「を」를 사용하여 「お茶を飲みたい」라고도 합니다.

둘째로 「繪本がほしい」처럼 「ほしい」에 대해서는 「が」를 사용하는데 이 경우는 「繪本をほしい」라고 말하면 틀립니다. 마찬가지로 「好きだ」 「嫌ひです」의 경우에도 「を」는 사용하지 않습니다.

한편 교본에는 없으나 교졸(巧拙, 잘하고 못함), 가능·불가능을 나타내는 어에 대해서도 대상이 되는 사물을 나타낼 때 「が」를 사용하기도 합니다.

中村は演說がうまい。(上手だ)
私は泳ぎがまづい。(下手だ)
あなたは今日外出が出來ますか。
中村も歌ふことが出來ません。
今日は珍しい物が見られる。
君はほんたうの事がいへないのか。

(は) 전후를 접속할 때 사용한다. (제2종)

이 부류에는 두 종류가 있어 교본 (1)의 예처럼 전후의 의미가 조응(照應)하지 않는 것을 접속하는 경우와 (2)처럼 단순히 앞의 말을 끊지 않고 뒤로 잇는 경우입니다. 따라서 (1)의 경우에는 「が」 대신에 「けれども」「けれど」도 사용합니다. 하지만 최근에는 (2)의 경우에도 「けれども」「けれど」를 사용하는 추세입니다.

한편 교본에서는 설명하지 않았으나 위의 「が」가 조동사 「う, よう, まい」에 붙어어떤 사태를 가정하고 그것에 구애를 받지 않는다는 의미를 나타낼 때 사용되기도 합니다.

明日は雨が降らうが降るまいが、私はきっと出かけます。
人からよく言はれようが悪く言はれようが、私は少しも氣にかけません。

(211)【71】「から」「まで」그리고 「ので」

「から」에는 두 종류가 있습니다.

(い) 동작·작용의 기점(起點)을 나타냅니다.(제1종) 이에 반해 「ま

で」(제3종)는 착점(着點)을 나타냅니다. 교본에서 다룬 예를 제외한 몇 가지 보충예를 들도록 하겠습니다.

歌ふのは君から始め給へ。
先生へは中村君から申上げました。
私は今朝東京から汽車で來ました。
人から笑はれないやうになさい。

위의 「から」는 아래의 예와 같이 원료(原料)를 나타낼 때 사용합니다.

ビールは小麦から造る。
ゴムはゴムの木から取れます。

(ろ) 이유· 원인을 나타냅니다. (제2종) 이 경우 일반적으로 「ので」(제2종)를 사용할 수 있습니다.

太郎は運動するから[ので]、身體が丈夫なのです。
苦しいから[ので]、休んでゐます。
今朝あまり早く起きたから[ので]、ねむくなった。
教へ方が丁寧だから[丁寧なので]、よく分るのです。
今日は定休日だから[なので]、仕事はしませんでした。

위의 마지막의 두 예로도 알 수 있듯이 제2종 형용사 및 조동사 「だ」는 「から」와 「だ」에 붙고 「ので」는 「な」에 붙습니다.

(212) 【72】「さへ」(제3종)

「さへ」를 의미상 세 부류로 나누었으나 (い)와 (ろ)는 구별하기 힘

든 점이 있습니다. 지금까지 (い)는 가벼운 것을 예로 들어 무거운 것을 추측하도록 하는 용법으로, (ろ)는 더해진 의미라고 설명하여 왔습니다. 이런 식으로 생각하는 것이 어쩌면 보다 이해하기 쉬울 것입니다. 어쨌든 (い)(ろ)에 공통된 점은 일일이 열거하지 않고 하나를 들어 다른 것을 유추하도록 한다는 것입니다. 아래에 보충예를 들겠습니다.

(い) 仮名さへ知らないものが、どうして日本語の文が讀めませうか。
あおの山には、子供さへ登ったのですから、あなたの登れないはずはありません。
(ろ) はじめは風が吹くだけでしたが、後には雨さへ降り出しました。
とうとうシャツさへぬれてしまひました。
(は) あなたさへ許して下されば、みんなが安心します。
一度讀みさへすれば、決して忘れません。

(213) 【73】「しか」(제3종)

「しか」는 반드시 부정(否定)의 의미를 갖는 어와 함께 사용되어 결과적으로 긍정의 의미를 나타낸다는 점에 주의해야합니다.

교본에는 제시하지 않았으나 「しか」 앞에 「だけ」를 사용할 때도 있습니다. 이러면 그것으로 한정된다는 의미가 보다 강해집니다.

私はそれだけしか知りません。
缺席者は三人だけしかをりません。
昭南へは一度だけしか行ったことがない。

또한「しか」대신에「ほか」를 사용할 때도 있습니다.

(214)【74】「だけ」(제3종)

「だけ」는 그것으로 한정된다는 의미로 사용하는 것이 일반적입니다. (213)의「しか」와 함께 사용하는「だけ」도 동일한 의미입니다.

더불어「だけ」는 한도(限度)를 나타낼 때 사용하기도 합니다. 한도는 극한(極限)이라 바꿔 말해도 무방합니다. 교본의 첫 번째·두 번째 예로 말하자면,「持てるだけ」는「이 이상 들 수 없을 정도」,「歩けるだけ」는「더 이상 걸을 수 없을 때까지」의 의미입니다.

더불어 교본에는 제시하지 않았으나 다음과 같이 사물에 상응하는 의미로도 사용합니다. 이 경우 아래에「に」를 붙이기도 합니다.

中村は運動家<u>だけ</u>に、身體が丈夫だ。
山が高い<u>だけ</u>に、頂上は寒かった。
その本は讀む<u>だけ</u>のねうちがある。
苦しいのをがまんする<u>だけ</u>のかひが無かった。

(215)【75】「たり」(제2종)

「たり」는 활용하는 어에 붙어 동작·작용·상태 등을 병렬로 나열할 때 사용하는 동사이며 병렬로 나열하는 각 어의 뒤에 붙이는 것이 일반적입니다. 하지만 다음의 예와 같이 병렬로 잇지 않을 때도 사용합니다. 이 경우는 의미를 중화(中和)한 어투가 됩니다. 뒤에「など」를 붙여 말하기도 합니다.

一人で海岸へ行ったり〔など〕しては、いけませんよ。
そんなことを言ったり〔など〕すると、人に笑はれます。

(216)【76】「て」(제2종)

「て」는 전후를 접속할 때 사용하는 조사로 교본에서는 두 종류로 나누고 있습니다.

(い)의 「て」는 「말을 끊지 않고 다음으로 이을 때 사용합니다」라고 설명하였습니다. 교본의 예로 설명하자면 「起きた。讀んだ。暑い。ほめられた。」라고 하면 문은 거기서 끊겨버리지만 「て」를 사용하여 「起きて, 呼んで, 暑くて, ほめられて」가 되면 말이 끊기지 않고 다음으로 이어지게 됩니다.

위의 「て」는 문맥에 따라 시간적인 전후를 나타내는 것, 원인을 나타내는 말에 붙는 것 등 여러 종류가 있습니다. 여기에 몇 가지 예를 아래와 같이 보충하겠습니다.

あの映畫は昨日も見て、今日も見た。
學校は町の東にあって、その隣に圖書館がある。
道が広くてたひらだ。

위의 예들은 단순병렬의 의미로 사용한 것이나 다음은 서로 조응하지 않는 의미의 어를 접속한 예입니다.

武田は知って居て、知らないといふ。
人から悪く言はれて、却って喜んでゐる。
太郎は、あれを三度も呼んで、まだ覚えてゐない。

人がこんなに多くて、それで少しも騒がしくない。

한편 (ろ)의 예로는 「荷物を持ってやる」「荷物を持ってもらふ」「荷物を持ってくれる」「書いて見る」「書いて御覽なさる」등이 있으며, 뒤에 형용사가 오는 「窓がしめてない」「十時頃に來てほしい」등도 있습니다.

(217) 【77】「で」(제1종)

「で」의 용법은 교본의 예를 보면 대체로 이해하실 수 있을 것이며 다음과 같은 예도 사용합니다.

誰も手傳ひません。兄弟でそれを造りました。
親子だけで暮らして居ります。
三人でやっと持ち上げられるやうな石。
あなたが一人で歌ったのですか。

위의 「で」는 여기서는 일단 「동작성립의 성원(成員)을 나타낸다」 정도로 설명해두겠습니다.

(218) (주의)

조동사 「だ」의 제2형 「で」는 조사 「で」와 혼동되기 쉬우므로 주의해야 합니다. 교본의 예 「兄は軍人で, …」「あれは海では…」의 「で」는 조동사입니다. 「軍人で」는 「軍人であって」와 같은 의미가 되며, 「海では…」는 「海でありません」에 「は」가 붙은 것으로 「海である」를 「ません」으로 부정하고 있는 것입니다. 한편 다음의 「で」도 조동사입니다.

醫者で詩人である中村博士が…。
田中さんは政治家でございます。
太郎はもう中學生ではない。

(219) 【78】「ても」「でも」(제2종)

「ても」는 어떤 사태에 구속되지 않는다는 의미를 서술할 때 사용합니다. 환언하자면, 의미상으로 전후가 조응하지 않는 말을 접속하는 조사입니다. 교본에는 두 가지 경우를 들어두었습니다.

(い)는 어떤 사태를 가정하여 그것을 조건으로 말할 때 사용하는 「ても」입니다.

이 경우 조동사 「う」「よう」 뒤에 제2종 조사 「とも」「と」를 사용할 때도 있으며 그 예는 교본에 제시해두었습니다.

(ろ)는 「ても」를 과거의 것으로 나타낼 때 사용합니다. 이 경우 「暮れても, 呼んでも」 등은 「暮れたけれども」「呼んだけれども」의 의미가 됩니다.

교본에는 없으나, 「ても」에는 또 하나의 용법이 있습니다. 예를 들어,

意思の强い者は、失敗しても落胆しない。
寒い處では、夏が來ても雪が消えない。
大人物は、ほめられても喜ばないし、惡く言はれても腹を立たない。

등 입니다. 즉 어떤 경우를 예로 들어 그 경우에 한해 항상 일어나는 일반적 사실을 서술할 때 사용합니다. 위의 첫 번째 예로 설명하자면, 「의지가 강한 자는 실패했을 때도 결코 낙담하지 않는다, 일반적으로 의지가 강한 자는 그러한 것이다」라는 의미가 됩니다.

(220) 【79】「と」

「と」에는 제1종과 제2종이 있어 교본의 (い)(ろ)(は)는 제1종인 「と」인데 반해 (ほ)(へ)는 제2종인 「ど」입니다.

(い) 이는 체언, 또는 체언의 자격을 갖춘 어를 대등하게 병렬로 이을 때 사용합니다. 아래에 수사· 대명사 및 체언 자격의 어의 예를 보충하도록 하겠습니다.

仲間が五人と六人[と]に分れた。
十五グラムと八グラム[と]で、幾グラムになりますか。
あなたと私[と]が幹事になりました。
こことあそこ[と]に、旗をたてませう。
あそこに大きいのと小さいのがあります。

(ろ)는 동작의 상대를 나타낼 때 사용합니다.

(は)는 「いふ」「申す」「おっしゃる」 등과 함께 사물의 이름을 나타낼 때 사용하는 예입니다.

이 외에도 제1종인 「と」를 사용하는 경우가 왕왕 있으나 교본에는 일반적인 것만 제시하였습니다.

(ほ)는 교본에는 간단하게 「조건을 나타낸다」고 설명하였으나, 이 용법은 교본 〔85〕(い)(2)의 「ば」와 완전히 동일하므로 「ば」의 설명인 「항상 동반되는 두 가지 사태의 조건이 됨을 나타냅니다」를 그대로 적용할 수 있습니다. 또한 이 「と」를 「일정한 조건 아래서 항상 어떤 일반적인 사태가 발생함을 나타낼 때 사용한다」고 볼 수 있습니다. 이처럼 일반적인 것을 나타내므로 속담 등에는 이 형식을 사용하는 것이 보통입니다.

猫が太ると鰹節が細る。
愛嬌がよいと品物が悪い。

(へ)는 어떤 사태가 일어났음을 나타낼 때 사용하는 「と」입니다. 교본의 첫 번째 예로 설명하자면 「갑자기 시원해졌다」는 것이 어떤 경우였나 하면 「날이 저물었을」 때였다는 것입니다.

(주의) 교본에는 없으나 제2종의 「と」에는 다음과 같은 용법이 있습니다.

明日雨が降ると、遠足はやめるさうです。
海がおだやかだと、泳ぎたいがな。
急いで行かないと、汽車に送れますよ。
中村に歌はせると、上手に歌ひませう。
田中さんがお出でになりますと、もっと賑かになるのですがね。

한마디로 어떤 사태를 가정해서 그것을 조건으로 나타내는 역할을 하며 교본 【85】「ば」의 (い)(1)과 동일합니다.

(221) 【80】「な」(제3종)

「な」는 금지(禁止)의 의미로 동사의 제3형에 붙으나 조동사「れる, られる, せる, させる, ます」의 제3형에도 붙습니다. 교본에서는「させる」가 붙은 예를 제시하였으므로 여기서는 그 외의 조동사에 붙은 예를 보충제시하겠습니다.

そんな事をして人に笑はれるな。
うっかりして小鳥に逃げられるなよ。
子供になま水を飲ませるな。
そんな事はなさいますな。

한편 교본에서는 언급하지 않았으나「な」에는 다음과 같이 동사의 의미를 나타내는 것도 있습니다.

子供たちが仲よく遊んでゐるな。
この花は、いつもきれいだな。
また雨が降って來たな。

(222) (주의)

금지의 의미를 정중하게 나타낼 때는「ては, いけません」을 사용합니다. 이때의「て」는【67】의「て」이므로 동사의 제5형에 붙을 경우「で」가 되기도 합니다.

先生を飲んではいけません。
そこで遊んではいけません。

(223) 【81】「に」(제1종)

「に」의 용법은 복잡다양하나 교본에는 그 중 주된 6가지 경우만을 제시하였습니다.

(い)는 장소·때를 나타내는「に」,
(ろ)는「なる」「する」「變る」등에 준하는「に」,
(は)는 동작의 목적을 나타낼 때 사용하는「に」입니다.

이러한「に」는「洗濯に」「買物に」처럼 명사에도 붙으며「迎へに」「見に」처럼 동사의 제2형에도 붙습니다. 때로는 다음의 예와 같이 동사에 조동사의 제2형이 붙는 것의 뒤에 올 때도 있습니다.

叱られに來たやうだ。
子供に乳を飲ませに歸る。

(に)는 사역의 서술에서 사역된 자를 나타내는「に」,
(ほ)는 수동의 서술에서 작용의 동작을 행하는 자를 나타내는「に」.

교본의 첫 번째 예인「中村君は いつも 先生に ほめられます。」에서「ほめる」라는 동작을 받는 것은 中村君이며「ほめる」를 행하는 것은「先生」입니다.

(へ)는「遠い, 近い, 似る」등의 기준을 나타낼 때 사용하는「に」입니다.

(224) 【82】「の」

「の」에는 두 종류가 있어 교본의 (い)(ろ)(は)는 제1종 조사아며 (に)는 제2종 조사입니다.

(い)는 「の」가 다른 어에 붙어 뒤의 명사에 대한 수식어로 기능하는 예입니다. 교본에는 명사·대명사에 붙은 예만 제시하였으나 그 외의 어에 붙는 예를 보충하면 다음과 같습니다.

第一回の卒業生 (이상 수사(數詞)로)
少しの違　かなりの道のり　よほどの努力　全くの誤解
すべての人　大概の學生　萬一の場合 (이상 부사로)
學校への近道　叔父からの知らせ　公會堂での公園
今日までの成績　歸るまでの時間　逢ってからの話
(이상 명사·동사에 다른 조동사가 붙은 것으로)

「の」의 후접할 명사가 생략된 경우, 예를 들어 교본의 예 「あなたの(帽子)ですか」의 「あなたの」는 형태 그대로 해석하자면 「あなたのもの」의 의미가 됩니다.

(ろ)는 「の」가 주어에 붙은 예입니다. 이를 보다 알기 쉽게 설명하자면 「生徒たちが本を讀む。」처럼 술어(讀む)가 다음으로 이어지지 않을 때는 주어(生徒たち)에 「が」를 붙이는 것이 보통이나, 【134페이지 (주의) 참조】, 「生徒たちの讀む本」처럼 술어가 뒤의 명사로 이어질 때는 「の」를 사용합니다. 하지만 뒤에 오는 것의 품사는 명사에 한정되지 않습니다. 이는 아래의 예와 같이 수사와 명사의 자격으로 사용되는 「の」의 경우에도 동일합니다.

私の逢った二人は…。　中村君の讀む第一編。
花の散るのを見て…。　汽車の走るのが見える。

(は)도 (ろ)와 동일하게 술어가 뒤로 이어지지 않는 경우에는「お茶が飲みたい。」처럼 주어 뒤에 일반적으로「が」를 붙이지만, ((210)의 (ろ) 참조) 술어가 뒤로 이어지면「お茶の飲みたいかたは…。」처럼「の」를 사용합니다. 이는 희망·취향 및 그 반대의미의 어에 대해 그 대상이 되는 사물을 나타내는 역할을 하며, 잘하고 못함(巧拙)·가능과 불가능(可能不可能)의 경우 역시 이와 동일합니다.

演說のうまい中村。
泳ぎの下手な私。
いつでも外出の出來るあなた。
歌ふことの出來ない人。

(に)는 동사·조동사, 또는 이들에 조동사가 붙은 것에 명사의 자격을 부여하는「の」입니다.

교본에는 제시하지 않았으나 제3종의「の」에는 다음과 같은 두 가지 용법이 있습니다.

(1) 동사·형용사, 그리고 이들에 조동사가 붙은 것과, 조동사「だ」「です」·조사「か」사이에서 이들을 접속하는 역할을 합니다.

君もそれでがまんするのだ。
私が申したのではありません。
私共は昨日もあそこへ參ったのでございます。

君も行きたいのだらう。
それでいいのです。
みんながさう言ふのか。
中村が居ないのか。

(2) 병렬로 사용하며, 이 경우 「だの」로 치환이 가능합니다.

子供たちは、繪本の〔だの〕おもちゃの〔だの〕と、いろいろ買ひました。
弟は行くの〔だの〕行かないの〔だの〕と言って、まだきまりません。
中村と武田は、それがよいのわるいのと議論してゐます。
運動場には中村だの武田だのおほぜい居ます。

(225) 【83】「のに」(제2종)

「のに」는 어떤 사태를 서술하고 그것에 구애받지 않음을 나타낼 때 사용합니다. 교본의 첫 번째 예로 말하자면 내가 꼼꼼하게 가르치고 있으므로 太郎는 열심히 잘 외워줄 것 같으나 꼼꼼하게 가르쳤는데도 불구하고 좀처럼 외우려고 하지 않는다는 의미입니다.

「のに」는 활용하는 어의 제3형에 붙으며 조동사 「だ」에는 아래의 예와 같이 「だ」의 형태로도 「な」의 형태로도 붙습니다.

武田は當番だ〔な〕のに、もう歸ってしまった。
船はもう着く筈だ〔な〕のに、まだ着かない。

(주의) 동일형태라도 위의 「のに」와 다른 것이 있습니다. 예를 들어,

弟の泣くのに困ります。
建物の立派なのに驚きました。
昨日見たのには驚きました。

와 같은 부류입니다. 이 「の」는 【82】의 (に)의 「の」로 「こと」 「もの」 등의 의미를 나타내며 【81】의 「に」에 해당합니다.

(226) 【84】 「は」(제3종)

「は」는 여러 경우에 사용하나, 어떤 경우라도 「특히 부각시켜 말한다」는 의미가 있습니다. 교본에는 다섯 종류로 나누어 예를 들어 두었으나 이를 순서대로 아래에서 다시 설명하겠습니다.

(い)는 사물의 성질을 설명할 때 사용하는 예입니다. 이 때 교본의 첫 번째로 설명하자면 「鐵といふものは, 堅いものです」의 의미가 됩니다.

위의 경우는 설명된 사물을 타나내는 어를 주어로 하고 그 아래에 「は」를 붙이는 것이 일반적이며 그 외의 경우에도 「は」를 주어 뒤에 사용하는 경우는 많이 않으므로 「は」를 주어를 나타내는 조사로 오해하기 쉬우나, 교본(ろ)의 「東京には」의 「は」라든가 「降っては, 酒は, 涼しくは, さうでは, 中村君からは」의 「は」처럼 주어 이외에도 자유롭게 붙으므로 주어를 나타내는 조사로 봐서는 안 됩니다.

(ろ)는 둘 이상의 사태를 대조하여 열거할 때 사용하는 예입니다. 교본과 여기서의 예는 「東京には」외에는 모두 주어에 「は」가 붙은 것이므로 주어 이외에 붙는 예를 보충하도록 하겠습니다.

中村からは電報が來ましたが、武田からは來ません。
北京へは行ったことがありますが、南京へはまだ行きません。
櫻の花は、美しくはあるが、長くは咲いてゐない。

(は) 부정문(否定文)에는 「は」를 사용하는 것이 일반적입니다. 단 부정문에는 반드시 「は」를 사용한다고 생각해서는 안 됩니다. 부정문에도 「は」를 사용하지 않고 다른 조사를 사용하는 경우가 있습니다.

(주의)

교본(は)의 두 번째 예인 「酒は, 飲みません」의 「酒は」는 보통의 경우에는 「酒を」 라고 합니다. 문어에서는 이를 「酒をば…」라고도 하나 구어에서는 「をば」는 거의 사용하지 않고 「酒は飲みません」처럼 말합니다. 몇 가지 예를 더 들어보면 다음과 같습니다.

中村は本は買ふが、あまり讀まない。
兄も劇は見ますが、映畫は見ません。
私は煙草は吸ひません。

(い)의 예로 제시한 표현형식에는 두 가지 해석이 있을 수 있습니다.

첫째는 「象は」를 문 전체의 주어로 보고 이를 「총주어(總主語)」 또는 「문주(文主)」라고 부르는데 반해 「鼻が」는 「소주어(小主語)」 또는 「주어」, 「長い」를 「술어」라고 합니다. 다시 말해 술어 「長い」에 주어가 2개 있다는 해석입니다.

둘째는 「鼻が, 長い」는 주어·술어를 갖춘 문이기는 하나 독립된 문이 아니라 전문(全文)의 일부를 이루는 하나의 「절(節)」입니다.

(주. 주어·술어를 갖춘 것이 문의 일부분 이루면 그것을 절이라고 함). 「象は」는 그 절의 술어로서 존재한다는 것이 됩니다. 교본은 후자에 입각하여 설명하고 있습니다. 몇 가지 예를 더 들어보면 다음과 같습니다.

日本人は 髪の毛が黒い。
この花は 色が美しい。
中村は 意志が強い。
武田は 身體が丈夫だ。
田中は 私よりも年が三つも上です。

참고로 위와 같이 구문에서는 「は」밖에 사용할 수 없다고 생각해서는 안 됩니다. 위의 첫 번째도 경우에 따라서는 「日本人も…」「日本人こそ…」「日本人なども…」라고 합니다.

(ほ)는 이상의 설명에서 누락된 예를 제시한 것입니다. 물론 모든 경우를 망라한 것은 아니지만 이들에 의해 「특히 부각시켜 말하는 어의 뒤에 붙여 사용」한다는 것을 이해시킬 수 있으리라 생각합니다.

(226)[2] 【84】「ば」(제3종)와 「し」(제2종)

「ば」의 용법으로 교본에서는 세 종류를 제시하였습니다.

(い)는 조건을 나타내며 다시 두 종류로 나눌 수 있습니다.

2 넘버링의 오류이나 원문에 따라 그대로 표기하였음을 밝힘.

(1)은 가정조건을 나타내며 (220)의 「と」의 후반부에 (주의)란에 기술한 용법과 동일합니다. 하지만 「ば」를 사용한 곳에 항상 「と」를 사용할 수 있다고는 할 수 없습니다.

(2)는 교본 【79】의 「と」의 (ほ) 용법과 동일합니다. 이에 관한 상세한 설명은 본 지도서의 (220)(ほ)의 부에 있습니다.

이상과 같이 교본 139페이지 (2)의 예를 「人を惡くいふと…」「始がよいと…」「人が多いと…」로, 교본 128페이지의 (ほ)의 예를 「つらいことも慣れれば…」「妹は笑はれれば…」로 각각 바꿔 말할 수 있습니다.

(227) (주의)

「ば」가 붙지 않는 제4형만으로 조건을 나타내는 것에 관해서는 이미 교본 【45】의 (주의8)에서

海が おだやかなら 船で行きませう。
花が きれいなら 買ってお出でなさい。
등의 예를 제시하였고, 【64】의 (5)에서는
月が出たら[ば]私に知らせて下さい。
雨が降ったら[ば]、子供達は歸って來るでせう。
本を讀んだら[ば]私の室へお出でなさい。

등의 예를 제시하였으며, 마지막으로 【65】의 (6)에서

あれが富士山なら[ば]、もっとよく見ませう。
會場が此處なら[ば]、すぐにはいりませう。

등을 예시하여 설명하였습니다. 이처럼 제4형을 「ば」없이 사용하는 것은 활용어 전체로 보자면 상당히 희귀한 사례입니다.

한편 담화에서 「たら」가 「昨日海岸へ行ったら〔ば〕, 中村君に會ひました」에서처럼 어떠한 사태가 일어난 경우를 나타낼 때 「ば」없이도 사용됨은 【65】의 (주의3)에서 설명하였습니다.

(228) (ろ)는 「ば」를 동일 취지의 사태의 병렬에 사용하는 예입니다. 이 경우 조사 「し」(제2종)를 활용어의 제3형에 붙일 수도 있습니다. 몇 가지 예를 보충제시하자면 다음과 같습니다.

あそこには池もあれば〔あるし〕、山もある。
昨年は北京にも行けば〔行ったし〕、南京にも行った。
武田は映畫も見なければ〔見ないし〕、劇も見ない。

(229) 【86】 「ばかり」(제3종)

「學生が二十人ゐます」라고 하면 있는 학생의 수가 정확하게 20명임을 나타내지만 「二十人ばかりゐます」는 반드시 20명이 아니거나 20명 이상인 경우 어느 쪽도 나타낼 수 있습니다. 즉 「ばかり」는 수량을 정확하게 표현하지 않고 대강 말할 때 사용합니다.

이 외에도 「ばかり」에는 그것에 한정된 의미를 나타내는 용법이 있어 이 경우 【74】의 「だけ」와 동일합니다. 따라서 「ばかり」는 「だけ」로 치환이 가능하다고 할 수 있으나, 경우에 따라서는 치환이 불가능한 때도 있습니다. 예를 들어 교본 141페이지의 「言ふばかりで」 「電車

にばかり乗って」는 「ばかり」 대신에 「だけ」를 사용할 수 있으나, 「泣いてばかりゐます」를 「泣いてだけゐます」라고는 하지 않습니다.

(230) 【87】 「へ」(제1종)

「へ」는 「行く, 歸る, 入れる」 등과 같이 이동(또는 활동)을 나타내는 동사와 함께 사용되는 조사이며, 교본에서는 아래와 같이 크게 세 경우로 나누어 예시하였습니다.

(い)는 방위　　(ろ)는 귀착하는 곳(장소)　　(は)는 상대

종래에는 위의 (い)의 경우는 「へ」만을 사용하는데 반해 (ろ)(は)의 경우는 「に」를 사용하는 것이 일반적이었습니다. 다시 말해 「へ」는 방위만을 나타내었으나 시간이 지남에 따라 점차 (ろ)(は)의 경우에도 사용되게 된 것입니다. 하지만 현재에도 (ろ)(は)의 경우에 「に」를 전혀 사용하지 않는다는 것은 아니라 교본의 (ろ)(は)의 각 예의 「へ」를 모두 「に」로 바꿔 말해도 문제없이 통용됩니다.

물론 「に」 「へ」의 용법이 항상 공통되지는 않습니다. 「に」의 용법은 「へ」를 포괄하기 때문에 「に」는 사용가능하나 「へ」는 사용불가와 같은 경우가 적지 않습니다. 예를 들어 교본 【81】의 각 예의 「に」는 대체로 「へ」로 바꿀 수 있습니다.

(231) 【88】 「も」(제3종)

교본에서는 「も」의 용법을 두 가지 경우로 나누어 설명하였습니다.

(い)는 어느 하나를 예로 들어 다른 것을 추측하게 하는 「も」입니다. 「私も鉛筆を買ひませう」라고 하면 연필을 산 것은 자신 이외에도 있음을 나타내며, 「南京へも行きました」라고 하면 남경 이외의 곳, 예를 들어 북경이라든가 상해 등에도 갔음을 나타냅니다.

(ろ)는 동일한 취지의 사물의 누가(累加)에 사용하는 「も」입니다. 「木も草もありません」은 없는 것은 나무뿐이 아니라 풀도 없다는 의미가 됩니다. 따라서 이를 「木がありません。また草がありません」를 총괄적으로 표현한 것이라고 봐도 무방합니다.

(주의) 교본에는 제시하지 않았으나 「も」에는 다음의 예처럼 문중의 의미를 강하게 하거나 완화(緩和)시킬 때 사용하는 용법도 있습니다.

缺席者は一人も居りません。
よく見もしないで、かれこれいふ。
面白くもない話を聞かせられて、閉口した。
太郎は、人前に出ても、別に恥ずかしいとも思ひません。
あそこに太郎がゐるかも知れません。
學校は公園よりもよほど遠くにあります。

(232) 【89】「より」(제1종)

「より」에는 두 가지 용법이 있습니다.

(い) 비교의 기준을 나타낼 때 사용합니다. 이 경우 「より」의 뒤에 「は」「も」를 붙일 때가 많습니다. 교본의 예를 보면 충분히 이해하실 수 있을 겁니다.

더불어 일본어의 형용사·부사에는 비교에 특화된 형태가 없어 「より」를 사용하여 비교를 나타내는 것이 일반적입니다.

(주의) 「より」는 반드시 기준을 나타내는 어의 뒤에 붙어 사용됨은 교본의 예인

アルミニュームより… 昨日より…
弟より… 十円より…

만 봐도 명확합니다. 이처럼 반드시 다른 어의 뒤에 붙는 것이 조사의 특질입니다. 하지만 「より」를 다음의 예와 같이 기준을 나타내는 어를 생략한 채 사용하는 경우가 있으나 이는 올바른 일본어 용법이 아닙니다.

われわれは常に、よりよい生活を目ざして進んで來た。
今後は、より積極的に、より勇敢に活動しなければならない。

(ろ) 「しか」(【73】 참조)와 동일하게 사용합니다. 이 경우 교본의 예처럼 뒤에 「ほかに」를 붙일 때도 있습니다.

(233) 【90】 「を」(제1종)

「を」에는 두 가지 용법이 있습니다.

(い) 타동사와 함께 사용하는 경우에는 동작의 대상을 나타냅니다. 자동사에는 사역(使役)의 조동사가 붙는 것과 함께 사용할 때, 교

본의「生徒を, 休ませました」처럼 사역의 대상, 다시 말해 사역되는 것을 나타냅니다. 이에 관한 예를 몇 가지 보충하도록 하겠습니다.

子供を立たせる。　　使を走らせる。　　車を急がせる。

(ろ) 자동사와 함께 사용할 경우는 동작이 행해지는 장소를 나타냅니다. 교본에는「階子を上る」「坂を下る」등의 예를 제시하였으나, 모든 자동사에 이러한 용법이 있는 것이 아니라「を」와 함께 사용하는 자동사는 제한적입니다.

(234) 이상, 교본에 있는 조사에 대해 설명하였으나, 이 외에도 조사는 여러 종류가 있습니다. 아래에 그 주요한 예를 들도록 하겠습니다.

(235)「ぐらゐ(くらゐ)」「ほど」(제3종)

「ぐらゐ」「ほど」는 정도를 얼추 말할 때 사용합니다. 대부분은 서로 치환할 수 있으나 어느 한 쪽만 사용될 때도 있습니다.「ぐらゐ」는「くらゐ」라고도 합니다.

あの人ぐらゐ[ほど]勉強する者は少い。
それぐらゐの事は、誰だって知ってゐる。
それほどの事を、なぜ今まで話さなかったのか。
中村は羨しいぐらゐ[ほど]繪が上手だった。
ちょっと痛いぐらゐは、がまんなさい。
少しぐらゐは、食べてもよからう。
それを言はれるくらゐ[ほど]恥ずかしいことはない。

あそこまでくらゐは、子供でも歩けるだらう。
今日の映畫は、話に聞いてゐたほど面白くなかった。

또한 「ぐらゐ」는 다음의 예와 같이 「この, その」 등에도 붙습니다.

このくらゐの事に驚くものがあるか。
そのくらゐの熱心なら成功するだらう。
あのくらゐ愉快な事は、度々あるものではない。
どのくらゐむづかしいのか、私は分りません。

한편 「ほど」는 사태에 비례(比例)한다는 의미를 나타낼 때 사용합니다.

この本は、讀めば讀むほど面白くなる。
小さければ小さいほど値段がやすい。

(236) 「こそ」(제3종)

「こそ」는 문중에서 특히 부각시켜 의미를 강조해 말할 때 사용합니다.

私こそ大變ご無沙汰致しました。
今度こそ必ず勝って見せませう。
口にこそ出さないが、心の鳴かには始終思って居た。
さうしてこそ立派な日本男児だ。
われわれは、空氣があればこそ、かうして生きてゐられるのだ。

(237) 「さ」 「ぞ」 「ね」 「よ」(제3종)

이들 조사는 모두 문의 말미에 사용합니다.

「さ」는 가벼운 감동을 나타낼 때 사용하는 조사로 명사·대명사·수사·부사에 붙어 술어를 만들기도 합니다.

中村だって映畫は見るさ。
山の上は、勿論寒いさ。
一時はみんなも驚いたさ
あれは學校さ。
昨日話した本はこれさ。
飛行機に乘ったのは、ただの一度さ。
あの人がそんなことをするのはときどきさ。

「ぞ」는 활용하는 어의 제3형에 붙어 의미를 강조하는 조사입니다. 대부분의 경우 타인에게 주의를 촉구할 때 사용합니다.

ぢきに雨が降るぞ。
君はおそいぞ。もっと早く步き給へ。
あれは中村らしいぞ。みんあで呼んでみよう。
田中はもう歸ったぞ。君も早く歸り給へ。

「ね」는 감동의 의미를 나타내는 조사로 활용하는 어의 제3형에 붙으며「ねえ」라고도 합니다.

あそこに牛がゐるね。
今日はずゐぶん寒いね。〔ねえ〕。
その花はきれいだね。〔ねえ〕。
あれは學校ですね。
あなたは、いつもお早うございますのね。〔ねえ〕

中村さんも昨日歸りましたね。

「よ」는 감동의 의미를 나타내는 조사로 대부분 타인에게 주의를 촉구할 때 사용하며 활용하는 어의 제3형에 붙습니다.

雨が降ってゐるよ。傘を持って行き給へ。
私も行きますよ。少し待って下さい。
今日はお祭で、大變賑かですよ。
あそこに茶店は無かったよ。
運動場には誰も居ませんよ。

(238) 「でも」「など」(제3종)

문중에서 사태를 대강 말할 때 사용하지만, 대부분의 경우 서로 치환할 수 없습니다.

「でも」는 일반적으로 소극(消極)·양보(讓步)의 의미에 사용하는데 반해「など」는 대표적인 것을 예시하는 경우나 특히 정확·직접적인 표현을 피해 완곡(婉曲)하게 에둘러 말할 때 사용합니다.

お茶でも飮みませう。
せめて太郎でもゐると、使にやりたいが。
弟は公園へでも行ったのだらう。
子供たちは、庭ででも遊んでゐるでせう。
妹の萬年筆は、叔母からでもいただいたのでせう。
また雨でも[など]降ったら困りますから、もう歸ります。
汽車に後れでも[など]したら大變です。
なまける者などは、私の學校には一人も居りません。

今朝田中君などから、手紙が來ました。
昨日萬年筆や鉛筆などを買ひました。
公園の花はあまりきれいでなどありません。
弟は「僕も早く日本へ行きたいな」などと申します。

(239) 「ながら」「つつ」(제2종)

「ながら」는 동사, 조동사 「れる, られる, せる, させる」의 제2형에 붙어 두 가지 동작·작용이 동시에 행해짐을 나타냅니다.

歩きながら考へる。
食事をしながら話を聞いた。
風に吹かれながら橋の上に立ってゐる。

더불어 「ながら」는 서로 조응하지 않는 두 사태를 접속할 경우에 「にも拘らず」「のに」의 의미로 사용하며 「つつ」를 사용할 때도 있습니다.

口ではりっぱなことを言ひながら、少しも實行しない。
二度も讀みながら、さっぱり記憶してゐない。
自分で實際に見ながら、見たことがないといふ。
悪いことと知りながら[つつ]、うっかり言ってしまった。
忘れてはならないと思ひながら[つつ]、つい忘れたのだ。

구어문에서는 「つつ」를 「ある」와 함께 사용하여 동작·작용의 계속반복을 나타내기도 합니다.

工事は順調に進行しつつある。
目下交涉しつつある事件。

(240) 「なり」「や」「やら」(제3종)

이들 조사는 모두 병렬에 사용하는 조사입니다.

「なり」는 어를 병렬로 연결하여 선택한다는 의미를 나타낼 때 사용합니다. 즉 교본 【68】(は)의 「か」의 용법과 동일합니다.

紅茶なりコーヒーなり、直ぐ持って來て下さい。
中村なり武田なり、誰か殘ってゐなければなるまい。
贊成するなり反對するなり、早く決め給へ。
電車でなり汽車でなり、早く出かけませう。

「や」「やら」는 병렬로 연결된 사물뿐만이 아니라 동일 종류의 복수의 사물을 열거하려는 의도로 말할 때 사용합니다.

太郎も電車や汽車の繪が好きです。
日曜日や祭日には、成るべく遠足に出かけます。
弟はあれやこれや、いろいろほしがります。
あの帽子は、五円や十円では買へないだらう。

위와 같이 「や」는 명사·대명사·수사에 붙는 것이 일반적입니다.

机の上には、鉛筆やら紙やら、いろいろ載ってゐます。
明日もあなたやら中村君やらに手傳ってもらひたい。
子供たちは、わめくやら歌ふやらで、大騷ぎをして居ります。

靴も大きいのやら小さいのやら、沢山竝べてあります。

한편「やら」는 아래의 예와 같이 불명확한 의미를 나타낼 때 사용합니다.

私も誰やらから、その話を聞きました。
あそこに何があるやら、少しも知らなかった。
演說の始まるのは何時からやら、私も聞いてゐません。
太郎は何處へやら行くと言って、さっき出かけました。

제2부

연습

• 연습 1

다음의 수를 말해보시오.

25( ) 89 148
718 806 910
1128 1269 1038
5987 7023 9602
12345 16853 53902
4736851

【주의】「四(し)」를 「よん」, 「七(しち)」를 「なな」, 「九」를 「きゅう」라고 읽는 경우가 있습니다. 따라서 예를 들어 「八十九(く)」를 「はちじゅうきゅう」, 「百四十八」를 「ひゃくよんじゅうはち」, 「七百十三」를 「ななひゃくじゅうさん」이라고도 합니다. 또한 「二(に)」를 「ふた」로 읽어 예를 들어 「三千二百五十一」를 「さんぜんふたひゃくごじゅういち」라고 말합니다.

다음의 문의 밑줄 친 부분을 적당한 수사로 바꾸시오.

(1) 犬が<u>一つ</u>(一匹(いっぴき))

【주의】 개·고양이·쥐·소·말·돼지와 같은 짐승이나 개구리·뱀·도마뱀 등과 같은 곤충을 셀 때는 「匹」를 사용합니다. 1(イチ)·6(ロク)·10(ジフ)의 경우 「一匹(イッピキ), 六匹(ロッピキ), 十匹(ジッピキ)」처럼 「ぴき」가 되며 3의 경우는 「三匹(サンビキ)」처럼 「びき」라고 발음합니다.

(2) 雑誌を二つ(二冊[にさつ])

(3) 鶏が三つ(三羽[さんば])。一つ(一羽)〔いちわ〕。二つ(二羽)〔にわ〕。

【주의】「羽[ハ]」는 조류를 셀 때 사용합니다. 이것은 1·2·4·5·7·8·9에 붙으면〔わ〕라고 발음하지만, 3에 붙으면〔ば〕, 6·10에 붙으면〔ろっぱ〕〔じっぱ〕가 됩니다. 더불어 벼·보리와 그 외 풀이나 장작 등과 같이 뭉치로 묶은 것을 셀 때도 동일하게〔いちわ〕〔さんば〕〔ロッパ〕처럼 말하지만, 한자로 쓸 때는「一把」「三把」「六把」처럼「把」라는 한자를 사용합니다.

(4) 萬年筆を二つ(二本[ニホン])。一つ(一本[イッポン])

【주의】 연필·베개·머리카락과 같은 것을 셀 때는「本[ホン]」을 사용합니다. 이것은 1·6·10에 붙으면〔いっぽん〕〔ろっぽん〕〔じっぽん〕처럼〔ぽん〕이라고 발음합니다.

(5) 家が十(十軒[じっけん])

【주의】 집을 셀 때는「軒」을 사용합니다. 1·6·10에「軒」이 붙으면〔いっけん〕〔ろっけん〕〔じっけん〕과 같이 발음합니다.

(6) 兎を五つ(五匹[ゴヒキ])。二つ(二匹[ニヒキ])。三つ(三匹[サンビキ])

【주의】「匹」에 대해서는 (1)에서 설명하였습니다.

한편 토끼는 네발짐승이지만 예로부터 새처럼 「一羽(イチワ)」「二羽(ニワ)」「三羽(サンバ)」로 세는 지역이 있어 현재는 개나 고양이처럼 「匹」를 사용하게 되었습니다.

(7) 自動車が八つ(八臺(ハチダイ))。

【주의】 마차·짐차·인력거·자동차·자전거 등을 셀 때는 「臺」를 사용합니다.

• 연습 2

다음의 동사를 부정형(否定形)으로 만드시오.

書く(書かない)	咲く(咲かない)	漕ぐ(漕がない)
押す(押さない)	出す(出さない)	勝つ(勝たない)
習ふ(習はない)	言ふ(言はない)	竝ぶ(竝ばない)
運ぶ(運ばない)	進む(進まない)	飮む(飮まない)
乘る(乘らない)	切る(切らない)	待つ(待たない)
笑ふ(笑はない)	眠る(眠らない)	

【주의】 문제에는 뒤에서 다룰 4단 활용의 동사만을 예를 들었으므로 「ない」는 「書かない」「押さない」처럼 ア단음에 붙이면 됩니다.

• 연습 3

연습 2의 동사에 「ます」를 붙이시오.

書く(書かない)
押す(押します)
習ふ(習ひます)
運ぶ(運びます)
乗る(乗ります)
笑ふ(笑ひます)

咲く(咲きます)
出す(出します)
言ふ(言ひます)
進む(進みます)
切る(切ります)
眠る(眠ります)

漕ぐ(漕ぎます)
勝つ(勝ちます)
竝ぶ(竝びます)
飲む(飲みます)
待つ(待ちます)

【주의】「ます」는 모두 동사의 제2형에 붙는 조동사이므로 상기의 4단 활용의 동사에는 「書きます」「押します」처럼 イ단음에 붙습니다.

• 연습 4

다음의 동사를 문의 말미에 사용하여 짧은 문을 만드시오.

吹く(ときどき、ひどい風邪が吹く)
飛ぶ(燕がはやく飛ぶ。)(あ、飛行機が飛ぶ。)
乗る(私は毎日自轉車に乗る。)(子供たちも池の舟に乗る。)
讀む(兄は毎朝新聞を讀む。)(弟は大きな声で本を讀む。)
出す(私はときどき鶏を籠の外へ出す。)(弟は雨が降ると、植木鉢を庭へ出す。)
習ふ(生徒は熱心に日本語を習ふ。)(生徒は中村先生に平仮名の書き方を習ふ。)
泳ぐ(中村君は上手に泳ぐ。)(兄もときどき海に行って泳ぐ。)
待つ(私はいつも門の前で父の歸るのを待つ。)(汽車の着くまで、 待合室で待つ。)
洗ふ(毎朝、水で顔を洗ふ。)(私は食事の前に必ず手を洗ふ。)

• 연습 5

연습 2의 동사에 「ば」를 붙여보시오.

書く(書けば)	咲く(咲けば)	漕ぐ(漕げば)
押す(押せば)	出す(出せば)	勝つ(勝でば)
習ふ(習《ナラエ》へば)	言ふ(言《イエ》へば)	竝ぶ(竝べば)
運ぶ(運べば)	進む(進めば)	飲む(飲めば)
乘る(乘れば)	切る(切れば)	待つ(待でば)
笑ふ(笑《ワラエ》へば)	眠る(眠れば)	

• 연습 6

다음의 동사의 네 가지 형태를 드시오.

書く(書か 書き 書く 書け)　カ4
騷ぐ(騷が 騷ぎ 騷ぐ 騷げ)　ガ4
喜ぶ(喜ば 喜び 喜ぶ 喜べ)　バ4
歸る(歸ら 歸り 歸る 歸れ)　ラ4
行く(行か 行き 行く 行け)　カ4
打つ(打た 打ち 打つ 打て)　タ4
言ふ(言《イワ》は 言《イイ》ひ 言《ユウ》ふ 言《イエ》へ)　ハ4
讀む(讀ま 讀み 讀む 讀め)　マ4
押す(押さ 押し 押す 押せ)　サ4
笑ふ(笑《ワラワ》は 笑《ワライ》ひ 笑《ワラウ》ふ 笑《ワラエ》へ)　ハ4
泳ぐ(漕が 漕ぎ 漕ぐ 漕げ)　ガ4
噛む(噛ま 噛み 噛む 噛め)　マ4
吹く(吹か 吹き 吹く 吹け)　カ4

漕ぐ(漕が 漕ぎ 漕ぐ 漕げ)　　ガ4
出す(出さ 出し 出す 出せ)　　サ4
勝つ(勝た 勝ち 勝つ 勝て)　　タ4
ウタワ ウタイ ウタウ ウタエ
歌ふ(歌は 歌ひ 歌ふ 歌へ)　　ハ4
運ぶ(運ば 運び 運ぶ 運べ)　　バ4
沈む(沈ま 沈み 沈む 沈め)　　マ4
取る(取ら 取り 取る 取れ)　　ラ4
賣る(賣ら 賣り 賣る 賣れ)　　ラ4

【주의】 연습 6은 4단 활용의 동사를 들어 각각 네 가지 활용법을 말하게 하는 연습입니다. 실제로는 교본 【20】의 표에 따라

書かない。　書きます。　字を書く。　書けば。

처럼 제1·2·4형에는 각각 「ない」 「ます」 「ば」를 붙여 생각하게 하고 제3형에는 앞에 적당한 어를 붙여 동사로 끝나는 형태를 생각하게 하면 좋을 것입니다. 참고로 활용형 다음에 활용의 종류의 명칭을 기술해놓았습니다. 「書く」의 경우 「カ4」는 「カ행 사단활용」을 줄인 것입니다. 다른 것도 이와 동일합니다.

• 연습 7

다음의 동사의 네 가지 형태를 드시오.

下りる(下り 下り 下りる 下りれ)　　ラ상1
着る(き き きる きれ)　　カ상1

延びる(延び 延び 延びる 延びれ) バ상1
逃げる(逃げ 逃げ 逃げる 逃げれ) ガ하1
竝べる(竝べ 竝べ 竝べる 竝べれ) バ하1
分ける(分け 分け 分ける 分けれ) カ하1
撫でる(撫で 撫で 撫でる 撫でれ) ダ하1
數へる(數へ 數へ 數べる 數へれ) ハ하1
忘れる(忘れ 忘れ 忘れる 忘れれ) ラ하1
生きる(生き 生き 生きる 生きれ) カ상1
居る(ゐ ゐ ゐる ゐれ) ワ상1
別れる(別れ 別れ 別れる 別れれ) ラ하1
寢る(ね ね ねる ねれ) ナ하1
始める(始め 始め 始める 始めれ) マ하1
立てる(立て 立て 立てる 立てれ) タ하1
煮る(に に にる にれ) ナ상1
モチイ モチイ モチイル モチイレ
用ひる(用ひ 用ひ 用ひる 用ひれ) ハ상1
比べる(比べ 比べ 比べる 比べれ) バ하1
過ぎる(過ぎ 過ぎ 過ぎる 過ぎれ) ガ상1

• 연습 8

다음 동사의 활용의 종류를 말해보시오. (문제에는 없으나 각종 활용형도 표시해두었습니다.)

燒く カ4 (燒か 燒き 燒く 燒け)
急ぐ ガ4 (急が 急ぎ 急ぐ 急げ)
貸す サ4 (貸さ 貸し 貸す 貸せ)
負ける カ하1 (負け 負け 負ける 負けれ)

流れる	ラ하1	(流れ 流れ 流れる 流れれ)
光る	ラ4	(光ら 光り 光る 光れ)
吸ふ	ハ4	(吸は 吸ひ 吸ふ 吸へ)
出る	ダ하1	(出 出 出る 出れ)
考へる	ハ하1	(考へ 考へ 考へる 考へれ)
浴びる	バ하1	(浴び 浴び 浴びる 浴びれ)
汲む	マ4	(汲ま 汲み 汲む 汲め)
禁ずる	サ변	(禁じ 禁じ 禁じる 禁じれ)
刺す	サ4	(刺し 刺し 刺す 刺せ)
殖える	ア하1	(殖え 殖え 殖える 殖えれ)
見せる	サ하1	(見せ 見せ 見せる 見せれ)
來(く)る	カ변	(こ き くる くれ)
借りる	ラ상1	(借り 借り 借りる 借りれ)
積む	マ4	(積み 積み 積む 積め)
死ぬ	ナ4	(死な 死に 死ぬ 死ね)
旅行する	サ변	(旅行し 旅行し 旅行する 旅行すれ)
流す	サ변	(流さ 流し 流す 流せ)
踊る	ラ4	(踊ら 踊り 踊る 踊れ)
思ふ	ハ4	(思は 思ひ 思ふ 思へ)
愛する	サ변1	(愛し 愛し 愛する 愛すれ)
答へる	ハ하1	(答へ 答へ 答へる 答へれ)
聞く	カ4	(聞か 聞き 聞く 聞け)

【주의】「來る」는「きたる」라고 읽으면「ラ4」가 됩니다.「きたる」는 문자언어에는 사용하나 음성언어에서는 거의 사용하지 않습니다.

• 연습 9

다음의 동사에 「う」「よう」를 붙여보시오.

行く、う	ー 行かう。(イコウ)	着る、よう	ー 着よう。
見せる、よう	ー 見せよう。	出す、う	ー 出さう。(ダソウ)
考へる、よう	ー 考へよう。	言ふ、う	ー 言はう。
脱ぐ、う	ー 脱がう。(ヌゴウ)	待つ、う	ー 待たう。(マトウ)
寝る、よう	ー 寝よう。	進む、う	ー 進まう。(ススモウ)
別れる、よう	ー 別れよう。	勉強する、よう	ー 勉強しよう。
見る、よう	ー 見よう。	植ゑる、よう	ー 植ゑよう。
ゐる、よう	ー ゐよう。	運ぶ、う	ー 運ばう。(ハコボウ)
休む、う	ー 休まう。(ヤスモウ)		

【주의】 연습 9는 4단 활용에는 「う」, 그 외의 활용에는 「よう」를 붙인다는 것을 확실히 가르치는 것을 목표로 합니다.

다음으로 「う」나 「よう」도 제1형에 붙으므로 「ない」가 붙는 동사의 형태, 예를 들어, 「行か」「着」에 붙이면 됩니다. 따라서 쓰는 경우는 비교적 이해하기 쉬울 것이라 생각합니다. 단 4단 활용에 「う」가 붙은 형태의 발음은 혼동되기 쉬우므로 이를 정확하게 주지시키는 것이 좋을 것입니다. 그래서 상기의 해답에는 이들에 발음부호를 붙여두었습니다.

• 연습 10

다음의 동사에 「た」「て」를 붙여 보시오.

出す(出した、出して)
投げる(投げた、投げて)
撫でる(撫でた、撫でて)
倒れる(倒れた、倒れて)
鳴らす(鳴らした、鳴らして)
始める(始めた、始めて)
負ける(負けた、負けて)
動かす(動かした、動かして)
着る(着た、着て)
命ずる(命じた、命じて)
聞える(聞こえた、聞こえて)
感ずる(感じた、感じて)
見る(見た、見て)
旅行する(旅行した、旅行して)
達する(達した、達して)

【주의】 여기서는 1단 활용·カ변·サ변과 「サ4」의 동사만 제시하였으므로 「た」「て」는 제2형에 붙이기만 하면 됩니다. 다시 말해 「ます」가 붙는 형태에 「た」「て」가 붙는다고 설명하면 보다 이해하기 쉬울 겁니다.

• 연습 11

다음의 동사에 「た」「て」를 붙여 보시오.

書く(書いた、書いて)
持つ(持った、持って)
休む(休んだ、休んで)
打つ(打った、打って)
運ぶ(運んだ、運んで)
折る(折った、折って)
洗ふ(洗った、洗って)
喜ぶ(喜んだ、喜んで)
漕ぐ(漕いだ、漕いで)
買ふ(買った、買って)
鳴る(鳴った、鳴って)
燒く(燒いた、燒いて)
噛む(噛んだ、噛んで)
押す(押した、押して)
騒ぐ(騒いだ、騒いで)
光る(光った、光って)

巻く(巻いた、巻いて)　　待つ(待った、待って)
思ふ(思った、思って)　　消す(消した、消して)
繋ぐ(繋いだ、繋いで)　　踏む(踏んだ、踏んで)

【주의】 여기서는 4단 활용이 붙는 문제를 제시하였습니다. 이 중 「サ4」의 「押す」 「消す」에는 제2형이 붙지만 그 외는 전부 제5형에 붙습니다.

• 연습 12

다음의 동사에 적당한 명사와 「ば」를 붙여 보시오.

進む(海上を進む舟。進む時計。味方が進めれば敵が退く。)
別れる(別れる人。別れる時が來た。今別れれば、長く逢へないだらう。)
見る(映畫を見る暇も無い。日本語を勉强する生徒。勉强すれば成績がよくなる。)
言ふ(こごとを言ふ人。あの人の言ふことは、分りにくい。早く言えばいいのに。)
行く(學校に行く途中。買い物に行く人。君が行けば、みんなが喜ぶだらう。)
着る(これは晝間着る着物です。此處には外套を着る人は居りません。上着を着れば暑すぎる。)
待つ(待つ時間は長く思はれる。汽車を持つ人。もう五分待てば汽車が着く。)
脫ぐ(上衣を脫ぐ人。晴着を禁ずる規則。夜間の外出を禁ずれば、危險は無くなるだらう。)

出す(銭入(かねいれ)から出す札。袂から出すハンカチ。切口から芽を出す木。車の外に顔を出せば、あぶない。)
考へる(忙しくて何も考へる暇が無い。よく考へることが必要だ。少し考へれば、すぐ分かる。)
思ふ(讀みたいと思ふ本が無い。讀みたいと思ふ人には、之を貸してあげよう。讀みたいと思へば、いつでも讀める。)
見せる(子供に見せる繪本を買った。これは君達に見せる物ではない。その手紙は田中君にも見せればいい。)
歌ふ(國歌を歌ふ時は、姿勢を正しくなさい。次に歌ふ人はどなたでせう。私が歌へば、弟も歌ひます。)

• 연습 13

다음의 밑줄 표시의 동사를 일반적인 명령형과 정중한 명령형으로 고치시오.

(1) そこに立つ。(立て。お立ちなさい。)
(2) 二階から下へおりる。(おりろ。おおりなさい。)
(3) もう一度よく考へる。(考へろ。お考へなさい。)
(4) 私にもそれを見せる。(見せろ。お見せなさい。)
(5) 十一時までに歸る。(歸れ。お歸りなさい。)
(6) 手紙を書く。(書け。お書きなさい。)
(7) 仕事を丁寧にする。(しろ。おしなさい。)

【주의1】(7)의 경우는「丁寧になさい」라고도 하나「おしなさい」보다도 정중도가 낮아집니다.

【주의2】 위의 정중한 어투를 학교에서는 선생님이 학생에 대해 「立ちなさい」 「讀みなさい」 처럼 「お」를 붙이지 않고 사용하시는 경우가 있을 지도 모르겠으나, 실제 담화에서는 「お」를 붙이는 것이 일반적입니다. 이 점에 특히 주의할 필요가 있습니다.

• 연습 14

다음의 형용사에 「う」를 붙여 보시오.

長い(長からう)　短い(短からう)
太い(太からう)　細い(細からう)
善い(善からう)　惡い(惡からう)
赤い(赤からう)　白い(白からう)
黑い(黑からう)　青い(青からう)
暑い(暑からう)　涼しい(涼しからう)
明るい(明るからう)　暗い(暗からう)
面白い(面白からう)　烈しい(烈しからう)

• 연습 15

연습 14의 형용사를 부정으로 만드시오.

長い(長く[は]ない。長く[は]ありません。長く[は]ございません。)
短い(短く[は]ない。短く[は]ありません。短く[は]ございません。)
太い(太く[は]ない。太く[は]ありません。太く[は]ございません。)
細い(細く[は]ない。細く[は]ありません。細く[は]ございません。)

善い(善く〔は〕ない。善く〔は〕ありません。善く〔は〕ございません。)
悪い(悪く〔は〕ない。悪く〔は〕ありません。悪く〔は〕ございません。)
赤い(赤く〔は〕ない。赤く〔は〕ありません。赤く〔は〕ございません。)
白い(白く〔は〕ない。白く〔は〕ありません。白く〔は〕ございません。)
黑い(黑く〔は〕ない。黑く〔は〕ありません。黑く〔は〕ございません。)
青い(青く〔は〕ない。青く〔は〕ありません。青く〔は〕ございません。)
暑い(暑く〔は〕ない。暑く〔は〕ありません。暑く〔は〕ございません。)
涼しい(涼しく〔は〕ない。涼しく〔は〕ありません。涼しく〔は〕ございません。)
明るい(明るく〔は〕ない。明るく〔は〕ありません。明るく〔は〕ございません。)
暗い(暗く〔は〕ない。暗く〔は〕ありません。暗く〔は〕ございません。)
面白い(面白く〔は〕ない。面白く〔は〕ありません。面白く〔は〕ございません。)
烈しい(烈しく〔は〕ない。烈しく〔は〕ありません。烈しく〔は〕ございません。)

• 연습 16

다음의 각 조합의 어를 이어서 말해 보시오.

狭い、なる(狭くなる)　厚い、する(厚くする)
輕い、打つ(輕く打つ)　大きい、見える(大きく見える)
新しい、造る(新しく造る)　黑い、寫る(黑く寫る)
よい、遊ぶ(よく遊ぶ)　烈しい、戰ふ(烈しく戰ふ)
早い、起きる(早く起きる)　嬉しい、思ふ(嬉しく思ふ)
かたい、結ぶ(かたく結ぶ)　遲い、歸る(遲く歸る)

面白い、話す(面白く話す)　長い、續く(長く續く)
白い、光る(白く光る)

• 연습 17

다음의 형용사를 마지막에 사용하는 간단한 문을 만드시오.

暑い(今日は昨日よりも暑い。　南の國は一般に暑い。)
長い(この紐はたいへん長い。　勉强する時間は、二時間よりも長い。)
青い(空の色は青い。　この本の表紙も青い。)
忙しい(私はいつも忙しい。　弟も仕事が多くてたいへん忙しい。)
早い(開會にはまだ早い。　弟の歸る時間は兄よりも早い。)
あかるい(あの部屋はたいへんあかるい。今夜は月が出てゐるので、まだあかるい。)
古い(私の本はあなたのよりも古い。　そんな考へはもう古い。)
をかしい(あの繪を見ると、いつでもをかしい。)

【주의】「をかしい」는「웃고 싶어지다」라는 의미 외에도 아래의 예와 같이「납득할 수 없다, 이해할 수 없다」나「이상하다」등의 의미로 사용합니다.

君のいふことがをかしい。
をかしいな、僕の萬年筆が見えないぞ。

• 연습 18

위 연습 17에서 다룬 형용사 아래에 적당한 명사를 붙이시오.

暑い(暑い日。暑い夏。暑い南の國。)
長い(長い鉛筆。長い紐。長い道。)
青い(青い空。青い海。青い着物。)
忙しい(忙しい仕事。忙しい身體。忙しい時。)
早い(いつもより早い出動。授業には一時間も早い時。)
あかるい(あかるい部屋。あかるい電燈。)
古い(古い本。もっと古い帽子。一番古い靴。)
をかしい(をかしい時には笑へ。ふとをかしい事を思ひ出した。)

• 연습 19

다음의 형용사에 「だらう」 「でせう」 「と」 「が」 「から」가 붙는 간단한 문을 만드시오.

多い(今日は人出が多いだらう。〔多いでせう。〕
　子供が多いと、賑かになる。
　あの山には木が多いが、運んで來られない。
　この邊は川が多いから、船の便利がいい。)
熱い(鐵瓶の湯はまだ熱いだらう。〔熱いでせう〕
　湯が熱いと、水をうめるがいい。
　お茶はたいへん熱いが、ぢきさめるでせう。
　そのコーヒーはたいへん熱いから、すぐ飲んではいけません。)
つめたい(山の上は、風がつめたいだらう。〔つめたいでせう。〕
　川が深いと、魚がたくさん居ます。

川はかなり深いが、水がきれいで底が見える。
あの川はかなり深いから、泳ぎの稽古が出來ます。)
淺い(この池は、あの川より淺いだらう。〔淺いでせう。〕
あの池が淺いと、子供達の遊び場處とするのだがな。
川の上流は淺いが、下流には深いところがある。
川が淺いから、泳げない。)
苦しい(日なたにゐるのは、苦しいだらう。〔苦しいでせう。〕
仕事があまり苦しいと、やめたくなる。
私は苦しいが、がまんします。
仕事が苦しいから、中途でやめる人が多い。)
勇ましい(太郎君の劍舞は、どんなに勇ましいだらう。〔勇ましいでせう。〕
太郎君の劍舞も、おしまひがもっと勇ましいと、申しぶんが無かったがな。
兄は勇ましいが、弟はおだやかな方だ。
太郎君が勇ましいから、友達もみんな元氣だ。)

• 연습 20

연습 17의 형용사에 「ば」를 붙여 보시오.

暑い(暑ければ上衣を脱がう。あまり暑ければ、水をあびませう。)
長い(紐があまり長ければ、おきりなさい。お話が長ければ、明日うかがひませう。)
青い(この繪は、空の色がもっと青ければ、いいと思ひます。)
忙しい(君が忙しければ、中村君に賴みませう。明日忙しければ、會議は明後日にしよう。)
早い(もう二分早ければ、汽車に間に合ふのだったがな。まだ早ければ、控室で待ってゐませう。)
あかるい(もう少しあかるければ、新聞が讀める。へやあかるければ、氣持がいい。)
古い(君の辭書があまり古ければ、この新らしいものをあげませう。くだものは。古ければ、味がまづくなる。)
をかしい(をかしければ、笑ふのがいい。)

• 연습 21

다음의 형용사에 「た」를 붙여 보시오.

熱い(さっき飲んだ茶は、たいへん熱かった。あの溫泉は今はぬるいが、もとはかなり熱かった。)
つめたい(山の上は、風がつめたかった。氷に手をつけたら、たいへんつめたかった。)
黑い(私の見た豚の毛は黑かった。冬の上衣は黑かった。)
暗い(昨秋は、外が暗かった。あのへやは、もてゃ晝も暗かった。)
新しい(この本も、買った時は新しかった。中村君の帽子は、私のよりも新しかった。)
勇ましい(生徒の體操は、たいそう勇ましかった。中村君の劍舞は、一番勇ましかった。)
强い(私も子供の時は弱かった。武田も若い時は(力が)强かった。)
すずしい(山の上はすずしかった。中村さんのへやに行ったら、ここよりもすずしかった。)
弱い(私も子供の時は弱かった。あの國も昔は軍に弱かった。)
大きい(昨日見た魚は、ずゐぶん大きかった。この町は昔はたいへん大きかった。)

小さい(その時分は、あの學校もまだ小さかった。私の買った弟の帽子は、少し小さかった。)
正しい(よく聞いてみると、中村のいふことが正しかった。あのときの中村の主張は、確かに正しかった。)

• 연습 22

다음의 형용사에 「う」를 붙여 보시오.

明らかだ(事情は彼には明かだらう。その理由は、私が言はなくても明かだらう。)
花やかだ(今夜の會場は、さぞ花やかだらう。電燈やガスの光が、どんなに花やかだらう。)
はでだ(あの人の服裝ははでだらう。彼の生活は、かなりはでだらうと思ふ。)
柔らかだ(その毛は柔らかだらう。この肉は昨日食べたのより柔らかだらう。)
親切だ(あの店の人は、客扱が親切だらう。中村君は友達に對して一番親切だらう。)
丈夫だ(その箱は丈夫だらう。中村君も近頃は丈夫だらう。)
危險だ(一人で登山するのは危險だらう。この邊の海は、波が高いから危險だらう。)
豊富だ(あそこは産物が豊富だらう。あの邊は植物の種類が豊富だらう。)

• 연습 23

다음의 형용사를 부정으로 만드시오.

賑かだ(あの町は、あまり賑かで[は]ない。—ありません。
　—でございません。)

花やかだ(あのへやの装飾は、花やかで[は]ない。—ありません。
　—でございません。)

はでだ(あの着物の色は、はでで[は]ない。—ありません。
　—でございません。)

柔らかだ(この菓子は柔らかで[は]ない。—ありません。
　—でございません。)

丈夫だ(私の靴は丈夫で[は]ない。—ありません。—でございません。
　弟は近頃丈夫で[は]ない。—ありません。—でございません。)

愉快だ(人と争ふのは、決して愉快で[は]ない。—ありません。
　—でございません。)

危険だ(あの山道は危険で[は]ない。—ありません。
　—でございません。)

無事だ(あの村も近頃は無事で[は]ない。—ありません。
　—でございません。)

完全だ(夜の一人歩きは安全で[は]ない。—ありません。
　—でございません。)

有名だ(あそこはあまり有名で[は]ない。—ありません。
　—でございません。)

• 연습 24

다음의 ( ) 안에 적당한 음을 보충하여 뒤를 이어서 말해 보시오.

(1) 穏か(に)話す。
(2) 火が盛ん(に)燃える。
(3) 丁寧(に)お辭儀した。
(4) ひよこが丈夫(に)育ちました。
(5) 本を粗末(に)するな。
(6) 朗か(に)笑ふ。
(7) 若い時ははなやか(に)暮した。

• 연습 25

다음의 형용사를 마지막에 사용하여 간단한 문을 만드시오.

明らかだ(中村君の成功することは明らかだ。その事情は私には明らかだ。)
立派だ(社長の部屋はなかなか立派だ。中村君の態度は實に立派だ。)
朗かだ(弟は兄よりも朗らかだ。中村君の笑ひ方も朗らかだ。)
花やかだ(會場の装飾がたいへん花やかだ。田中さんの生活は、なかなか花やかだ。)
有名だ(富士山は美しいので有名だ。此處は米の産地として有名だ。三人の兄弟のうちで、二男が一番有名だ。)
丁寧だ(田中さんのお辭儀は丁寧だ。武田の教へ方も丁寧だ。)
親切だ(あの店の人はたいへん親切だ。あの店は客扱が親切だ。)
僅かだ(大抵歸って、殘ってゐる者は僅かだ。二つの長さの違ひは僅かだ。)

• 연습 26

연습 25의 형용사 아래에 적당한 명사를 붙이시오.

明らかだ(明らかな事情。 明らかな道理。 明らかな說明。)
立派だ(立派な着物。 立派な家。 立派な人。)
朗かだ(朗らかな氣象。 朗らかな人。)
花やかだ(花やかな模様。 花やかな夕日。)
有名だ(有名な人。 有名な町。 有名な山。)
丁寧だ(丁寧なあいさつ。 丁寧な教へ方。)
親切だ(親切な言葉。 親切な心。 親切な人。)
僅かだ(僅かな品物。 僅かな違ひ。)

• 연습 27

다음의 형용사 뒤에 「と」「が」「から」를 붙여 간단한 문을 만드시오.

靜かだ(周圍が靜かだと、勉强が出來る。この邊は夜は靜かだが、晝はさうざうしい。誰も居ないで靜かだから、ゆっくり話さう。)
盛んだ(會がそんなに盛んだと、會員がますます殖えるだらう。あの會も今は盛んだが、四年前までは振るはなかった。中村は元氣が盛んだから、成功するまでやり通すだらう。)
丈夫だ(中村も身體がもっと丈夫だといいがね。兄はいつも丈夫だが、弟はときどき病氣になる。紐が丈夫だから、きれる心配がない。)
りっぱだ(風采がりっぱだと、心までりっぱなやうに思はれる。態度はりっぱだが、演說の內容には關心しない。建物がりっぱだから、見る者はみな驚く。)
不愉快だ(君が不愉快だと、僕が困る。あそこへ行くのは不愉快だが、中村に會いに行かなければならない。ここにゐるのは不愉快だから、もう歸らう。)
愉快だ(もっと愉快だといいがね。君等と話してゐるのは愉快だが、遲くなるからもうらう。歸そんな話を聞くのが愉快だから、もっと話してくれ給へ。)
危險だ(途中がそんなに危險だと、うっかり行かれませんね。夜の外出は危險だが、晝は安全です。一人で行くのは危險だから、三人で行った。)

• 연습 28

다음의 형용사에 「ば」를 붙여 보시오.

柔らかだ(その肉が柔らかならば、私も買ひませう。)
花やかだ(裝飾がそんなに花やかならば、會場はさだめしきれいだらう。)
はでだ(あの反物の色があまりはでならば、妹の着物にしよう。)
危險だ(夜の外出が危險ならば、晝のうちに用をすましておくがいい。)
有名だ(あの人がそんなに有名ならば、私も聞いてゐるはずだが。)
無事だ(この暑さにもみんなが無事ならば、こんな喜ばしいことはない。)
丈夫だ(その紐が丈夫ならば、これと取りかへておかう。)

• 연습 29

연습 28의 형용사에 「た」를 붙여 보시오.

柔らかだ(昨日食べた肉は、柔らかだった今日のは少しかたい。)
花やかだ(會場の裝飾は、大變花やかだった。)
はでだ(あの時分は、男の着物も、今よりははでだったと思ふ。)

危險だ(雨が降ったので、山道はかなり危險だった。)
有名だ(二十年ばかり前は、あの溫泉もかなり有名だったが、今は知ってゐる人もなからう。)
無事だ(私が行った時は、あの村も無事だった。)
丈夫だ(中村さんは身體が丈夫だったから、あんな大事業にも成功したのです。)

• 연습 30

다음의 각각의 예를 정중체로 만드시오.

賑かだらう(賑かでせう)
賑かだった(賑かでした)
親切だ(親切です)
きれいだらう(きれいでせう)
きれいだった(きれいでした)
盛んだ(盛んです)
りっぱだらう(りっぱでせう)
りっぱだった(りっぱでした)
靜かだ(靜かです)
丈夫だらう(丈夫でせう)
丈夫だった(丈夫でした)
明かだ(明かです)
無事だらう(無事でせう)
無事だった(無事でした)

賑かだ(賑かです)
親切だらう(親切でせう)
親切だった(親切でした)
きれいだ(きれいです)
盛んだらう(盛んでせう)
盛んだった(盛んでした)
りっぱだ(りっぱです)
靜かだらう(靜かでせう)
靜かだった(靜かでした)
丈夫だ(丈夫です)
明かだらう(明らかでせう)
明かだった(明らかでした)
無事だ(無事です)

• 연습 31

다음의 부사의 수식을 받는 단어를 붙여 보시오. (수식을 받는 단어가 혼동되기 쉬운 것에는 O표시를 해두었습니다.)

ほんとうに(一暑い。一きれいだ。一歸る。一學校だ。)
たくさん(一ある。一ゐる。一食べる。一買ふ。一見る。)
やっぱり(中村は今日も一五時に歸った。今夜の月も一丸い。明日の會場も一講堂です。缺席者は今日も一二人です。)
少し(一休もう。 一買った。 一足りない。 一大きすぎる。 一熱い。 一青い。 一丈夫だ。 一きれいだ。 一ゆっくり讀め。)
すぐに(一歸る。一出かける。一歸る。一讀みはじめた。一やめる。)
きっと(一來る。一參ります。私も夜ふかしは一やめる。午後には一雨が降るだらうと思ひます。)
よほど(一步いた。一高い。一きれいだ。一靜かになった。一はっきり見える。)
もう(一後れだ。一終わった。一始まるだらう。一居ない。一運ぶ)
とうとう(一やめた。一成功した。(雨が)一降り出した。)
そろそろ(一步く。一始めませう。)
さやうだ(友達が一出かけるところでした。今夜の月は一丸い盆のやうです。)
ぢきに(私も一歸ります。あれから一雨が降り出しました。)
ちょっと(一見よう。一待って下さい。一行って來ます。一珍しい。一きれいだ。)
しばらく(一待つ。一見て居た。一考へた。一休もう。)
全く(一さうだ。一何もない。一少しも知らなかった。一有望な青年。一えらい軍人。)
なかなか(一暑い。一活潑な青年。一承知しない。すすめても一歌はない。)

【주의】 연습 31에 제시한 「ほんとうに, すぐに, ぢきに」 등은 제2형 형용사의 제2형으로도 생각할 수 있으나 일단 종래의 견해에 따라 부사로 규정하였습니다.

• 연습 32

다음의 문의 (　　) 안에 적당한 접속사를 넣으시오.

(い)

(1) 雨がひどく降りました。(が、けれども、でも、しかし)私たちは濡れませんでした。

(2) うちには、犬も猫も居ます。(そのうへに、また、それから)兎も居ます。

〔주의〕「そのうへに」는 「そのうへ」라고도 합니다.

(3) 明朝は早く起きなければなりません。(ですから)今夜は早く寢ませう。

(4) 卒業式には父(及び)兄が參るはずです。

(5) あそこには川があります。(そのうへに、それから、また)池もあります。

(ろ) 다음의 접속사를 사용하여 간단한 문을 만들어 보시오.

そのうへ(太郎は兄から時計をもらって、そのうへ、姉から萬年筆を買ってもらひました。)

しかし(口でいふことはやさしいが、しかし實行することは容易ではない。)

だから(あの店の店員はみんな親切です。だから客が絶えないのです。)
または(旅行隊は今頃、大阪または神戸を見物してゐるはずです。)
けれども(中村君もずゐぶん苦しいのです。けれども決して不平をいひません。)

• 연습 33

다음의 각 페어의 어를 이어보시오.

(1) 書かない、た(書か、なかっ、た)
(2) 見えない、する(見え、なく、する)
(3) 知らない、ば(知ら、なけれ、ば)
(4) 讀まない、た(讀ま、なかっ、た)
(5) 行く、ない、でせう(行か、ない、でせ、う)
(6) 流れる、ない、ば(流れ、なけれ、ば)
(7) 來る、ない、なる(來、なく、なる)
(8) ゐる、ない、人(ゐ、ない、人)
(9) 買ふ、ない、でせう(買は、ない、でせ、う)
(10) 勉強する、ない、た(勉強し、なかっ、た)

〔주의〕 정답에는 어와 어 사이에 「、」를 붙여두었습니다. 이하의 연습문제도 동일합니다.

• 연습 34

다음의 각 페어의 어를 이어보시오.

(1) 乗ります、ん(乗り、ませ、ん)

(2) あります、う(あり、ませ、う)

(3) 買ふ、ます(買ひ、ます)

(4) 來る、ます、が(來、ます、が)

(5) 寒くなる、ます、から(寒く、なり、ます、から)

(6) 讀む、ます、ば(讀み、ますれ、ば)

(7) 書く、ます、た(書き、まし、た)

(8) 勉强する、ます、て(勉强し、まし、て)

(9) 乘る、ます、ん(乘り、ませ、ん)

(10) 見る、ます、う(見、ませ、う)

(11) 考へる、ます、た(考へ、まし、た)

(12) 植ゑる、ます、ば(植ゑ、ますれ、ば)

• 연습 35

다음의 각 페어의 어를 이어보시오.

(1) 燒く、れる(燒か、れる)

(2) 見る、られる(見、られる)

(3) 入れる、られる(入れ、られる)

(4) 投げる、られる(投げ、られる)

(5) 動かす、れる(動かさ、れる)

(6) 着る、られる(着、られる)

(7) 飛ぶ、れる(飛ば、れる)

(8) 忘れる、られる(忘れ、られる)

(9) 進む、れる(進ま、れる)

(10) 出る、られる(出、られる)

• 연습 36

다음의 동사에 수동의 「れる」「られる」를 붙여 보시오.

流す(流さ、れる)
見せる(見せ、られる)
來る(來、られる)
積む(積ま、れる)
讀む(讀ま、れる)
歸る(歸ら、れる)
乘せる(載せ、られる)
立つ(立た、れる)
閉ぢる(閉ぢ、られる)
買ふ(買は、れる)
育てる(育て、られる)
乘る(乘ら、れる)
考へる(考へ、られる)
急ぐ(急が、れる)
借りる(借り、られる)
食べる(食べ、られる)
泣く(泣か、れる)
出す(出さ、れる)
聞く(聞か、れる)
起きる(起き、られる)
逃げる(逃げ、られる)
用ひる(用ひ、られる)
入れる(入れ、られる)

• 연습 37

다음의 각 페어의 어를 이어보시오.

(1) 燒く、せる(燒か、せる)
(2) 入れる、させる(入れ、させる)
(3) 投げる、させる(投げ、させる)
(4) 進む、せる(進ま、せる)
(5) 見る、させる(見、させる)
(6) 來る、させる(來、させる)
(7) 讀む、せる(讀ま、せる)

(8) 捨てる、させる(捨て、させる)

(9) 泳ぐ、せる(泳が、せる)

(10) 出す、せる(出さ、せる)

• 연습 38

다음의 동사에 조동사 「せる」「させる」를 붙여 보시오.

考へる(考へ、させる)
積む(積ま、せる)
歸る(歸ら、せる)
運ぶ(運ば、せる)
閉ぢる(閉ぢ、させる)
用ひる(用ひ、させる)
作る(作ら、せる)
乘る(乘ら、せる)
飮む(飮ま、せる)
受ける(受け、させる)
急ぐ(急が、せる)
泣く(泣か、せる)
立つ(立た、せる)
起きる(起き、させる)
買ふ(買は、せる)
育てる(育て、させる)
はいる(はいら、せる)
ゐる(ゐ、させる)
光る(光ら、せる)

• 연습 39

다음의 각 페어의 어를 이어보시오.

(1) 書きたい、た(書き、たかった)

(2) 讀みたい、なる(讀み、たく、なる)

(3) 見たい、ば(見、たけれ、ば)

(4) 食べたい、ない(食べ、たく、ない)

(5) 乗りたい、が(乗り、たい、が)
(6) 居たい、人(居、たい、人)
(7) 着る、たい、でせう(着、たい、でせ、う)
(8) 行く、たい、ない(行き、たく、ない)
(9) 勉強する、たい、た(勉強し、たかった)
(10) 歸る、たい、ば(歸り、たけれ、ば)
(11) 歌ふ、たい、ありません(歌ひ、たく、あり、ませ、ん)

• 연습 40

다음의 각 페어의 어를 이어보시오.

(1) 流す、た(流し、た)
(2) 見る、た(見、た)
(3) 流れる、た(流れ、た)
(4) 來る、た(來、た)
(5) 命ずる、た(命じ、た)
(6) 書く、た(書い、た)
(7) 泳ぐ、た(泳い、だ)
(8) 打つ、た(打っ、た)
(9) 買ふ、た(買っ、た)
(10) 呼ぶ、た(讀ん、だ)
(11) 踏む、た(踏ん、だ)
(12) 乘る、た(乘っ、た)
(13) 歌ふ、た、ば(歌っ、なら、ば)
(14) 賣る、た、でせう(賣っ、た、でせ、う)
(15) 有る、た、う(有っ、たら、う)

(16) 勉强する、た、が(勉强し、た、が)
(17) 見る、た、から(見、た、から)
(18) ゐる、た、ば(ゐ、たら、ば)
(19) 讀む、た、新聞(讀ん、だ、新聞)
(20) 倒れる、た、だらう(倒れ、た、だら、う)

• 연습 41

다음의 각 페어의 어를 이어보시오.

(1) これは中村の帽子だ、う(一帽子、だら、う)
(2) これは中村の帽子だ、た(一帽子、だっ、た)
(3) 中村の帽子はこれです、た(一これ、でし、た)
(4) あれは中村の帽子です、た(一帽子、でし、た)
(5) 面白い本だ、ば、買ひませう(面白い、本、なら、ば、買ひ、ませ、う)
(6) それは面白い本だ、ない(一面白い、本、で、ない)
(7) これは私の本だ、ありません(一私、の、本、で、あり、ませ、ん)
(8) あれは何だ、う(あれ、は、何、だら、う)
(9) あれは雲です、う(一雲、でせ、う)
(10) 昨日歌ったのはどなたです、た、か(一どなた、でし、た、か)

• 연습 42

다음의 문에「でせう」「だらう」를 사용하여 추량의 의미를 더하시오.

(1) 級長は中村君です(一中村君、でせ、う。一中村君、だら、う)
(2) 太郎のかいた繪はこれだ(一これ、でせ、う。一中村君、だら、う)

(3) 午後雨が降る(一降る、でせ、う。一來る、だら、う)
(4) 中村君もぢきに來る(一來る、でせ、う。一來る、だら、う)
(5) 山の上は寒い(一寒い、でせ、う。一寒い、だら、う)
(6) 中村君はうちにゐない(一ゐ、ない、でせ、う。一ゐ、ない、だら、う)
(7) 太郎も行きたい(一行き、たい、でせ、う。一行き、たい、だら、う)

• 연습 43

다음의 각 페어의 어를 이어보시오.

(1) あそこには私が行く、う(一行か、う)
(2) 荷物は私が持ちます、う(一まち、ませ、う)
(3) 來月旅行する、よう、と思ひます(一旅行、を、し、よう、と思ひ、ます)
(4) 私は外へ出る、よう、と思って、立上りました(外、へ、出、よう、と、思っ、て一)
(5) それがよい、う(一箱、は、丈夫だら、う)
(6) その箱は丈夫だ、う(一箱、は、丈夫だら、う)
(7) 友達が待ってゐる、よう、から、私はすぐに出かけます(一待っ、て、ゐ、よう、から一)
(8) 太郎も出かける、よう、としてゐます(一出かけ、よう、と一)

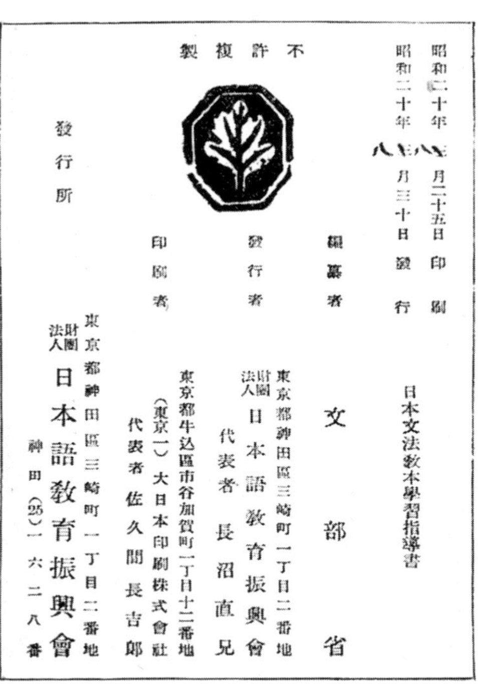

昭和二十年八月二十五日印刷
昭和二十年八月三十日發行

日本文法教本學習指導書

編纂者　文部省

發行者　東京都神田區三崎町一丁目二番地
財團法人　日本語教育振興會
代表者　長沼直兄

印刷者　東京都牛込區市谷加賀町一丁目十二番地
（東京一）大日本印刷株式會社
代表者　佐久間長吉郎

發行所　東京都神田區三崎町一丁目二番地
財團法人　日本語教育振興會
神田（25）一六二八番

일본문법교본학습지도서(日本文法教本學習指導書)

1945년 3월 25일 인쇄
1945년 3월 30일 발행

편찬자 : 문부성
발행자 : 재단법인 일본어교육진흥회
인쇄자 : 대일본인쇄 주식회사
발행처 : 재단법인 일본어교육진흥회

남방 제지역용
일본문법교본 학습지도서

부록

* 부록은 257쪽부터 역순으로 읽어주세요.

부록

〈부록〉 부분은 좌철이므로 여기서부터 역순으로 읽어주세요.

附錄

カ四

明く[あ]
欺く
發く[あば]
歩く
行く
頂く
嘶く[いなな]
浮く

動く
嘯く[うそぶ]
うなづく
うめく
置く
驚く
趣く
輝く
書く

掻く
傾く
かわく
聞く
築く
きらめく
碎く[くだ]
口說く[くど]
扱く[こ]

咲く
裂く
さゝやく
敷く
退く
空く[す]
好く
塞く[せ]
背く

焚く[た]
炊く[た]
抱く[だ]
たゝく
附く
突く
つゝく
續く
つぶやく

つまづく
貫く
解く
説く
届く
とゞろく
泣く
鳴く
歎く
靡く
ぬかづく
抜く
退く
除く
覗く
吐く
掃く

履く
弾く
働く
省く
春めく
引く
退く
弾く
響く
開く
吹く
拭く
葺く
蒔く
撒く
巻く
招く

磨く
導く
向く
燒く
湧く
描く
をのゝく
をめく

ガ四

仰ぐ
喘ぐ
急ぐ
薄らぐ
泳ぐ
嗅ぐ
擔ぐ

寛ぐ
漕ぐ
騷ぐ
凌ぐ
すゝぐ
殺ぐ
注ぐ
そよぐ
繼ぐ
繋ぐ
研ぐ
取次ぐ
脱ぐ
剝ぐ
塞ぐ
防ぐ
跨ぐ

貢ぐ
捥ぐ
柔らぐ
搖ぐ

サ四

明かす
遊ばす
餘す
荒す
表す
生かす
致す
坐す
癒す
浮かす
動かす

うつす
うつぶす
促す
潤す
起す
押す
落す
威す
驚かす
座す
おびやかす
思召す
及ぼす
おろす
耀かす
隠す
かざす

貸す
返す
枯らす
かわかす
聞召す
萌す
くだす
覆す
崩す
くゆらす
萃す
繰返す
凝らす
殺す
探す
指す
刺す

諭す
さます
晒す
示す
濕す
記す
すかす
過す
澄ます
濟ます
そゝのかす
聳かす
耕す
足す
出す
たゞす
倒す

騙す
試す
散らす
遣す
潰す
費す
吊す
照らす
とかす
とざす
轟かす
飛ばす
通す
燈す
流す
なす
靡かす

直す
悩ます
均す
馴らす
鳴らす
逃がす
濁す
匂はす
濡らす
根ざす
殘す
延ばす
果す
外す
放す
話す
囃す

生やす
晴らす
浸す
響かす
冷す
醸す
臥す
降らす
滅す
綻ばす
乾す
放す
ほのめかす
滅す
申す
負かす
紛らかす

紛らす
増す
惑はす
廻はす
迷はす
亂す
めかす
廻らす
召す

○次の漢語を「サ四」の動詞として用ひることがある。

愛、嫁、化、賀、
解、期、歸、議、
供、激、坐、資、
辭、祝、熟、證、
稱、制、製、奏、
屬、對、託、諾、
敗、廢、駁、祕、
附、復、服、表、
評、摩、譯、約、
輸、有、要、浴、
勞、略、領、和。

タ四

過つ
穿つ
うつ
勝つ
育つ
たつ
保つ
放つ
待つ
滿つ
持つ

ナ四

死ぬ（この一語だけ）

ハ四

商ふ
味はふ
扱ふ
あてがふ
あらがふ
爭ふ
あふ
洗ふ
いさかふ
いざなふ
厭ふ
祝ふ
言ふ
うかゞふ
失ふ
疑ふ
歌ふ
奪ふ
敬ふ
占ふ
潤ふ
補ふ
行ふ
襲ふ
負ふ
追ふ
覆ふ
思ふ

かゝづらふ
かこふ
かなふ
買ふ
飼ふ
構ふ
通ふ・
からかふ
競ふ
嫌ふ
食ふ
食らふ
狂ふ
請ふ
逆らふ
さすらふ
誘ふ

さまよふ
さらふ
従ふ
慕ふ
しまふ
救ふ
吸ふ
住まふ
害ふ
そふ
揃ふ
戦ふ
たゞよふ
給ふ
ためらふ
足らふ
誓ふ

違ふ
使ふ
償ふ
繕ふ
衒ふ
とゝのふ
問ふ
とむらふ
伴なふ
なずらふ
習ふ
賑はふ
になふ
匂ふ
拭ふ
縫ふ
願ふ

狙ふ
宣ふ
呪ふ
計らふ
這ふ
掃ふ
拾ふ
ふるふ
振舞ふ
賄ふ
咀ふ
間違ふ
纏ふ
惑ふ
舞ふ
迷ふ
向かふ

貰ふ
養ふ
雇ふ
結ふ
粧ふ
酔ふ
煩ふ
笑ふ

バ四

遊ぶ
浮ぶ
選ぶ
及ぶ
轉ぶ
叫ぶ
忍ぶ

尊ぶ
飛ぶ
並ぶ
運ぶ
學ぶ
結ぶ
叫ぶ
翫ぶ
呼ぶ
喜ぶ

マ四

憐む
編む
怪しむ
歩む
勇む

痛む
悼む
いつくしむ
營む
挑む
否む
忌む
疎む
うむ
怨む
羨む
屈む
圍む
かじかむ
悲しむ
擤む
刻む

含む
窪む
組む
汲む
悔む
苦しむ
好む
込む
さいなむ
さしはさむ
親しむ
沈む
萎む
染む
白む
縮む
荒む

進む
涼む
すむ
嫉む
染む
巧らむ
嗜む
たゝずむ
疊む
樂しむ
賴む
たゆむ
たわむ
縮む
ついばむ
摑む
謹しむ

包む
蕾む
摘む
つむ
富む
慰む
和む
馴染む
泥む
涙ぐむ
惱む
憎む
睨む
盜む
ぬるむ
望む
臨む

飲む
励む
挟む
ひがむ
潜む
ひるむ
含む
踏む
ほゝゑむ
まどろむ
採む
休む
止む
病む
ゆがむ
緩む
讀む

力む
拜む
惜しむ

ラ四

上る
嘲る
漁る
曖まる
當る
預かる
集まる
侮る
煽る
炙る
餘る
操る

あやまる
改まる
有る
怒る
憤る
生捕る
いたはる
至る
僞る
祈る
いばる
入る
要る
煎る
彩る
受かる
承る

蹲る
埋まる
うつる
うなる
賣る
擇る
送る
怠る
怒る
起る
驕る
遲なはる
劣る
織る
屆まる
かゝる
囓る

限る
翔る
驅る
陰る
重なる
飾る
捉まる
掠る
固まる
偏る
語る
騙る
代る
被る
かへる
刈る
薫る

軋る
來たる
きまる
切る
括る
潜る
腐る
くすぶる
下る
覆る
加はる
配る
曇る
繰る
削る
蹴る
擦る

困る
斷る
凍る
籠る
凝る
轉る
溯る
下る
探る
定まる
授かる
悟る
さはる
遮る
さへづる
去る
叱る

しくじる
茂る
したゝる
鎭まる
縛る
絞る
締まる
濕る
知る
絶る
啜る
滑る
擦る
刷る
坐る
狹まる
迫る

備はる
染まる
剃る
反る
手繰る
助かる
携はる
奉る
辿る
高まる
集る
たばかる
賜はる
溜まる
だまる
便る
垂る

足る
契る
ちゞまる
散る
散らかる
掌る
仕る
作る
傳はる
綴る
募る
つまる
積る
連る
吊る
釣る
照る

滑る
とまる
取る
なぐる
名のる
なぶる
直る
訛る
成る
鳴る
握る
濁る
鈍る
塗る
眠る
練る
残る

罵る
のぼる
乗る
伸る
はいる
はかる
始まる
走る
憚る
はびこる
放る
はまる
逸る
流行る
張る
光る
浸る

捻る
譏る
廣まる
耽る
塞がる
太る
降る
振る
隔たる
減る
誇る
細る
逬る
掘る
彫る
曲がる
捲くる

勝る
交はる
混る
跨がる
祭る
廻る
守る
參る
みなぎる
實のる
食む
群がる
廻る
戻る
漏る
盛る
休まる

宿る
破る
遣る
讓る
搖る
搖る
横ぎる
横たはる
蘇る
寄る
依る
弱る
分かる
渡る
割る
治まる
踊る

終る

ア上一

射る
鑄る
老いる
悔いる
報いる

カ上一

飽きる
生きる
起きる
着る
盡きる
出來る

折る

ガ上一

過ぎる

ザ上一

甘(あま)んじる
案じる
疎んじる
詠じる
映じる
演じる
應じる
重んじる
輕んじる

居(を)る

感じる
禁じる
吟じる
滅じる
高じる
講じる
混じる
先んじる
散じる
進じる
生じる
乘じる
信じる
煎じる

誦(そら)んじる
損じる
歎じる
談じる
陳じる
通じる
轉じる
點じる
動じる
難じる
任じる
念じる
判(はん)じる
封じる

變じる
辨じる
辯じる
焙じる
報じる
命じる
安んじる
論じる

○右の「ザ上一」の動詞は「サ變」にも活用する。

ナ上一

似る
煮る

ハ上一

生ひる
戀ひる
强ひる
干る
用ひる

バ上一

浴びる
大人びる
帶びる
黴びる
神さびる

媚びる
錆びる
伸びる
綻びる
亡びる
侘びる

マ上一

惟みる
顧みる
鑑みる
試みる
見る

ラ上一

下りる

借りる
懲りる
足りる

ワ上一

率ゐる
用ゐる
居る

ア下一

甘える
癒える
得る
怯える
覺える
消える
聞える

越える
肥える
凍える
心得る
冴える
榮える
聳える
絶える

費える
とだえる
煮える
映える
生える
冷える
殖える
吠える

見える
燃える
悶える

カ下一

明ける
預ける
仰ける

生ける
埋ける
受ける
懸ける
驅ける
缺ける
傾ける
碎ける

ことづける
心がける
裂ける
避ける
授ける
向ける
退ける
助ける
煤ける
たける
助ける
手向ける
附ける
漬ける
續ける
とける
届ける

とろける
名づける
なまける
抜ける
ねぢける
退ける
ひける
開ける
耽ける
更ける
ふざける
ほどける
まうける
まける
焼ける
避ける
よろける

分ける

ガ下一

上げる
擧げる
掲げる
からげる
寛げる
焦げる
轉げる
さげる
捧げる
差上げる
妨げる
平げる
告げる
遂げる

投げる
逃げる
剝げる
廣げる
申上げる
曲げる
柔げる

サ下一

あせる
合せる
浴せる
失せる
被せる
着せる
濟せる
似せる

載せる
逆上せる
馳せる
伏せる
任せる
見せる
痩せる
寄せる

ザ下一

混ぜる
（この一語だけ）

タ下一

あてる
あわてる
企てる

捨てる
育てる
立てる
果てる
隔てる
満てる

ダ下一

奏でる
出る
撫でる
抽んでる
秀でる
詣でる
愛でる
茹でる

ナ下一

重ねる
兼ねる
尋ねる
束ねる
束ねる
連ねる
寝る
はねる
真似る
委ねる

ハ下一

與へる
誂へる
訴へる
憂へる

抑へる
抱へる
數へる
かなへる
換へる
構へる
考へる
鍛へる
加へる
拵へる
答へる
堪へる
支へる
從へる
備へる
添へる
揃へる

貯へる
稱へる
湛へる
携へる
譬へる
つかまへる
仕へる
支へる
傳へる
整へる
唱へる
捕へる
長らへる
なぞらへる
控へる
震へる
經る

混へる
間違へる
迎へる
辨へる
教へる
終へる

バ下一

浮べる
燒べる
比べる
調べる
統べる
滑べる
食べる
並べる
延べる

述べる

マ下一

赤らめる
崇める
諦める
明める
暖める
集める
改める
諫める
いぢめる
戒める
埋める
埋める
屈める
掠める

固める
きはめる
清める
苦しめる
籠める
定める
醒める
しかめる
したゝめる
沈める
占める
締める
進める
責める
染める
たしなめる
溜める

矯める
ちりばめる
勤める
詰める
咎める
止める
留める
眺める
慰める
なだめる
嘗める
始める
塡める
早める
潜める
廣める
深める

含める
擧める
まるめる
求める
休める
止める
歪める
緩める
をさめる

ラ下一

呆れる
あこがれる
あばれる
溢れる
現れる
荒れる

入れる
生れる
賣れる
後れる
恐れる
溺れる
隠れる
枯れる
切れる
くたびれる
崩れる
暮れる
呉れる
穢れる
焦れる
毀れる
こぼれる

しやれる
じやれる
知れる
萎れる
勝れる
廢れる
逸れる

たゞれる
戯れる
倒れる
垂れる
疲れる
つぶれる
連れる

流れる
馴れる
濡れる
紛れる
免れる
亂れる
漏れる

やつれる
破れる
搖れる
よごれる
別れる
忘れる
割れる

折れる

ワ下一

飢ゑる
植ゑる
かつゑる
据ゑる

來る（この一語だけ）

する（本來の語はこの語だけ。但し、これが他の語と複合して多くのサ變動詞をつくる）

ク活用

赤い

明るい
淺い

暖い
熱い

若い
厚い

淡い
あぶない

甘い
あやふい
荒い
有難い
青い
いい(善)
潔い
痛い
薄い
うまい
うるさい
えらい
遅い
大きい
多い
重い
面白い

賢(かしこ)い
堅い
かはいい
かゆい
からい
輕い
きたない
きつい
清い
臭い
くだらない
くどい
暗い
黒い
けぶい
氣高(けだか)い
濃い

快い
怖(こは)い
強(こは)い
細かい
寒い
しつこい
澁い
しほからい
白い
少い
すごい
すつぱい
鋭い
狭い
高い
尊い
たやすい

だるい
小さい
近い
つめたい
つまらない
つらい
強い
遠い
無い
長い
名高い
にがい
憎(にく)い
鈍(にぶ)い
眠(ねむ)い
早い
低い

ひどい
平(ひら)たい
廣い
深い
太い
古い
細い
まづい
まるい
短い
醜い
むごい
めでたい
もろい
やすい
柔かい
ゆるい

よい
弱い
若い
悪い
幼い

シク活用

悪しい
淺ましい
新しい
怪しい
荒々しい
あわたゞしい
いかめしい
勇ましい
忙しい
著しい

忌々しい
いやしい
いやらしい
疑はしい
美しい
うや／＼しい
恨めしい
羨しい
うるはしい
嬉しい
おいしい
奥ゆかしい
怖ろしい
大人しい
夥しい
重々しい
神々しい

香ばしい
輝かしい
悲しい
輕々しい
芳しい
嚴しい
口惜しい
委しい
悔しい
苦しい
險しい
好もしい
戀しい
さう／＼しい
さびしい
騷がしい
親しい

しをらしい
すさまじい
凉しい
すばらしい
せはしい
たくましい
正しい
樂しい
賴もしい
つゝましい
乏しい
長々しい
懷かしい
惱ましい
涙ぐましい
憎らしい
似つかはしい

願はしい
望ましい
烈しい
恥かしい
甚だしい
はな／＼しい
はか／＼しい
等しい
久しい
ひもじい
ふさはしい
欲しい
まぎらはしい
貧しい
みぐるしい
むづかしい
むつまじい

空しい 珍しい めめしい	明かな 淺はかな 鮮かな 暖かな あたりまへな いやな うらゝかな [illegible]かな 穏かな 大まかな 愚かな おろそかな
やかましい やましい やさしい	かすかな かはいさうな 氣長な 氣の毒な 急な 清らかな 健氣な 細かな 盛な さわやかな 靜かな しなやかな
ゆかしい 喜ばしい 宜しい	ぢみな 健(すこや)かな すなほな ぞんざいな 大嫌(だいきらひ)な 大好(だいすき)な 確かな 平(たひら)かな 平(たひら)な 詳かな でたらめな なごやかな
煩はしい 若々しい をかしい	斜な 滑(なめ)らかな 賑かな のどかな のんきな はでな 花やかな 遙かな 冷(ひや)やかな 不似合な 下手(へた)な 別な
惜しい をゝしい	變(へん)な 朗かな ほのかな 眞赤(まっか)な 眞暗な 眞黒な 眞青(まっさを)な 眞白な 眞直(まっすぐ)な まめな まめやかな 稀な

眞丸(まんまる)な
みじめな
妙な
安らかな
柔かな
豐かな
緩やかな
○次の語も第二種形容詞の語幹として用ひる。
案外、暗黑、
安全、意外、
偉大、陰險、
迂遠、鋭敏、
婉曲、溫厚、
溫和、快活、
格別、活潑、
苛烈、可憐、
簡單、完全、
寬大、奇怪、
危險、奇拔、
窮屈、勤勉、
輕少、結構、
嚴格、元氣、
嚴重、高尙、
滑稽、懇意、
質素、質直、
從順、重要、
順當、正直、
上手、上品、
丈夫、親切、
新鮮、親密、
精確、贅澤、
大儀、大變、
達者、淡泊、
調法、丁寧、
適切、適當、
當然、得意、
特別、煩雜、
非常、必要、
貧弱、不意、
不快、無事、
不順、不便、
平易、平凡、
便利、豐富、
明瞭、面倒、
厄介、勇敢、
雄大、優美、
有名、愉快、
立派、冷淡、
露骨

역서 해설

『南方諸地域用日本文法教本學習指導書』는 1945년 3월 일본의 문부성에서 간행한 남방 전 지역을 대상으로 한 일본어문법 지침서이다.

남방(南方)은 사전적으로는 일본의 남쪽에 위치한 지역을 가리키며 구체적으로는 지금의 버마, 태국 등의 동남아시아와 호주, 뉴질랜드 등의 오세아니아 방면에 해당한다. 제2차 세계대전 당시 남방의 대부분은 일본의 식민지 혹은 점령지였으며, 주지의 사실이나 일군정은 「국어(國語)로서의 일본어」, 「동아어(東亞語)로서의 일본어」라는 명목 아래 식민지 및 점령지의 교육정책으로서 일본어의 강제적 보급 및 교육에 역점을 두었다.

언어사(言語史)적인 관점에서 일본어는 어순(語順)을 포함한 문장구조 등의 문법적 특징은 북방어(北方語)로부터, 한편 어휘(한자를 제외) 등은 남방어(南方語)로부터 영향을 받았다고 한다. 그러나 남방의 언어는 한자문화권의 여부는 차치하더라도 언어유형론(言語類型論)적 측면에서 일본어와는 크게 구별되는바 실제 일본어교육 현장에서 어떠한 교수법과 교재가 사용되었는가는 상당히 흥미로운 주제이다. 특히 앞서 언급한 강제적 일본어교육과 보급이 작금과 같은 원어민과의 원활한 커뮤니케이션이 아닌 철저한 동화(同化)에 기반한 '황민화(皇民化)'를 목적으로 한 것이었기에 현재의 교수법, 교재와는 사뭇 다른 양상을 보였으리라는 합리적인 추론 역시 가능하다.

이에 당시의 남방지역에 대한 일본어교육 및 정책을 주관한 문부성 간행의 일본어문법지침서인 본서에 대한 번역작업을 진행하게 되었다. 본서의 구성은 현재 일본 국내외에서 사용되고 있는 일반적인 문법서의 체제와 상당부분 유사하나, 위에서 지적한 일본어와의 언어유형론적 상위(相違)를 배려한 구성 역시 발견할 수 있다. 일례로 ①일본어문장의 개관, ②명사(名詞), ③수사(數詞), ④대명사(代名詞), ⑤동사(動詞), ⑥형용사(形容詞), ⑦형용동사(形容動詞), ⑧부사(副詞), ⑨접속사(接續詞), ⑩감동사(感動詞), ⑪조동사(助動詞), ⑫조사(助詞)로 이어지는 본서의 구성은 지금의 일본어문법교재와 별반 차이가 없으나, 조사(助詞)가 본서의 후반부에 일괄적으로 제시되고 있는 점은 지금의 관점에서는 파격적이기까지 하다. 이는 일본어와 상이한 언어체계로 인해 조사라는 문법 범주에 익숙지 않은 남방지역 언어 구사자를 염두에 둔 전략적인 구성이 아닐 수 없다. 더불어 각 문법항목에 관한 실제 용례로 본서에서 제시되어 있는 여러 예문은 당시의 시대상과 일상 어휘를 반영하고 있어 언어 외적 요소에 관한 교육의 실상을 파악하는데도 일조하고 있다. 따라서 본 역서를 통해 당시의 일본어문법교육과 언어교육의 제상에 대한 이해를 도모할 수 있을 것으로 기대된다.

역자 **채성식**

고려대학교 일어일문학과를 졸업하고 일본 쓰쿠바대학 문예언어연구과에서 언어학석사와 언어학박사 학위를 받았다. 주요저서로는『인문과학과 일본어의 접점』(문, 2012),『言語の主観性 −認知とポライトネスの接点−』(くろしお出版, 2016),『중학교 생활일본어』(다락원, 2018) 외에 다수가 있으며, 주요 역서로『일본어로부터 본 일본인−주체성의 언어학−』(역락, 2015),『세계의 언어정책 1·2·3』(역락, 2017) 등 다수가 있다. 현재 고려대학교 일어일문학과 교수 및 고려대학교 글로벌일본연구원 원장으로 재직하고 있다.

일본 동남아시아 학술총서 8

남방 제지역용 일본문법교본 학습지도서

2021년 4월 30일 초판 1쇄 펴냄

편　자 문부성
역　자 채성식
발행자 김흥국
발행처 도서출판 보고사

책임편집 이경민
표지디자인 손정자

등록 1990년 12월 13일 제6-0429호
주소 경기도 파주시 회동길 337-15 보고사
전화 031-955-9797(대표), 02-922-5120~1(편집), 02-922-2246(영업)
팩스 02-922-6990
메일 kanapub3@naver.com / bogosabooks@naver.com
http://www.bogosabooks.co.kr

ISBN 979-11-6587-179-6 94730
979-11-6587-169-7 (세트)

정가 18,000원